# A Criança Explosiva

# A Criança Explosiva

Uma nova abordagem para compreender
e educar crianças cronicamente inflexíveis
e que se frustram facilmente

Ross W. Greene, Ph.D.

EDITORA

Título original: *The Explosive Child: a new approach for understanding and parenting easily frustrated, chronically inflexible children.*
Edição original: *"Published by arrangement with Harper Collins Publishers".*

Copyright do texto © Ross W. Greene, Ph.D., 2005, 2001, 1998
Copyright do projeto gráfico © Phil Mazzone, 2005
Copyright da edição brasileira © Integrare Editora, 2007

**Publisher**
Maurício Machado

**Assistente editorial**
Luciana Nicoleti

**Produção editorial e diagramação**
ERJ Composição Editorial

**Tradução**
Beth Honorato

**Revisão técnica**
Roseli Gimenes

**Revisão**
Lucrécia Freitas

**Projeto gráfico e capa**
ERJ Composição Editorial

**Ilustração da capa**
RS² Comunicação

Dados internacionais de Catalogação na Publicação (CIP)
(Câmara Brasileira do Livro, SP, Brasil)

Greene, Ross W.
 A criança explosiva : uma nova abordagem para compreender e educar crianças cronicamente inflexíveis e que se frustram facilmente / Ross W. Greene ; [tradução Beth Honorato]. -- São Paulo : Integrare Editora, 2007.

 Título original: The explosive child
 Bibliografia.
 ISBN 978-85-99362-20-4

 1. Crianças - Criação 2. Crianças - Distúrbios de comportamento 3. Crianças - Problema 4. Pais e filhos I. Título.

07-5295 CDD-649.153

Índice para catálogo sistemático:

1. Crianças com distúrbios de comportamento :
Criação : Vida familiar 649.153

*Não é permitida a reprodução do conteúdo desta obra, ainda que parcial, sem a autorização por escrito da Editora.*

Todos os direitos reservados à INTEGRARE EDITORA LTDA.
Rua Tabapuã, 1123, 7º andar, conj. 71/74
CEP 04533-014 – São Paulo – SP – Brasil
Telefax: (55) (11) 3562-8590
Visite nosso site: www.integrareeditora.com.br

Em memória de Irving A. Greene

Qualquer pessoa pode ficar irritada. Isso é fácil...
Mas se irritar com a pessoa adequada, na proporção
adequada, no momento adequado, pelo motivo adequado
e da maneira adequada... Isso não é fácil.
— **Aristóteles**


Se eu não for por mim mesmo, quem o será?
E se eu for só por mim, o que serei?
E se não for agora, quando será?
— **Rabino Hillel**


Ilusões são verdades de acordo com as quais vivemos
até o momento em que distinguimos a verdadeira verdade.
— **Nancy Gibbs**

# Esta obra apóia os projetos da ACER

Em primeiro lugar, gostaríamos de agradecer o privilégio da ACER (Associação de Apoio à Criança em Risco) em ser incluída na iniciativa da Editora Integrare, que direciona, em cada obra lançada, um porcentual de vendas para instituições indicadas pelos autores. Assim, a Editora Integrare encontra uma forma a mais de contribuir para a transformação social, como bem dito na poesia de Tiago de Mello: "(...) Mais que viver, o que importa é trabalhar na mudança (antes que a vida apodreça) do que é preciso mudar. Cada um na sua vez, cada qual no seu lugar."[1] Do mesmo modo, a ACER busca *resgatar a dignidade de crianças e jovens, promovendo a transformação do meio social*.

Nós da ACER acreditamos que o resgate da dignidade se dá ao procurarmos identificar o potencial de cada um e as formas de realizar esse potencial, possibilitar a expressão da singularidade, potencializar cada um a ter voz e a se responsabilizar pelo seu desenvolvimento, bem como a lutar coletivamente para tornar real e vivido os diretos básicos (como os Direitos Humanos e o Estatuto da Criança e do Adolescente – ECA). As nossas estratégias para este resgate buscam o acolhimento de cada criança e jovem sem incriminação, recriminação ou descriminação, identificando as necessidades individuais sempre através do diálogo compreensivo, mas não permissivo.

Dr. Ross, com seu pensamento claro e objetivo, transmite ao leitor deste livro – seja pai ou professor – explicações e estratégias para conviver e educar crianças com dificuldade em lidar com suas emoções e reações afetivas extremadas, (como por exemplo, raiva, inflexibilidade, comportamento explosivo). O autor também revê com o leitor as formas de relações do adulto com a criança e propõe modos mais compreensivos e dialógicos, para que se garanta a dignidade em todas as relações humanas... e assim podemos tecer um a um, no seu cotidiano, a transformação social.

**Eunice Bins Collado**
Presidente da Associação de Apoio à Criança em Risco – ACER

---

[1] *Por isso somos quem somos*, Tiago de Mello.

# Sumário

Sobre o autor ............................................................................. 11
Agradecimentos ........................................................................ 13
Prefácio .................................................................................... 15
Prefácio à edição brasileira ...................................................... 17
1  O episódio dos *waffles* ....................................................... 19
2  As crianças progridem quando têm capacidade para isso ........ 27
3  Vias e desencadeadores ....................................................... 35
4  Despertando as vias e os desencadeadores ........................... 55
5  A verdade sobre a aplicação de recompensas e punições ......... 71
6  Plano B ................................................................................ 79
7  Curvas de aprendizagem ..................................................... 111
8  Ensine bem os seus filhos .................................................... 143
9  Dificuldades familiares ........................................................ 163
10 Vivendo melhor com a ajuda de medicamentos .................... 181
11 A sala de aula e o Plano B ................................................... 189
12 É chegado o momento ........................................................ 207
Recursos e suportes adicionais ................................................. 211
Índice remissivo ....................................................................... 215

# Sobre o autor

Ross W. Greene, Ph.D. — professor associado de psicologia no Departamento de Psiquiatria na Faculdade de Medicina de Harvard e fundador/diretor do Instituto de Resolução Colaborativa de Problemas, no Departamento de Psiquiatria do Hospital Geral de Massachusetts — realiza pesquisas principalmente nos seguintes âmbitos: classificação e tratamento de crianças e adolescentes explosivos e respectivas famílias; classificação, estudo longitudinal e tratamento de disfunções sociais severas em crianças com transtorno do déficit de atenção e hiperatividade (TDA/H); e influência dos traços do professor nos resultados escolares de alunos da escola fundamental com transtorno disruptivo do comportamento. Dr. Greene já escreveu inúmeros artigos, capítulos de livros e *papers* científicos a respeito dos seguintes assuntos: intervenções escolares e familiares em crianças com transtorno disruptivo do comportamento; avaliação comportamental e funcionamento social em crianças; eliminação de procedimentos de repressão e isolamento em escolas terapêuticas diurnas, em unidades para pacientes internados e em instituições residenciais e de detenção juvenis; e compatibilidade entre alunos e professores. Suas pesquisas foram financiadas pelo *Stanley Medical Research Institute*, pelo Instituto Norte-Americano de Abuso de Drogas e pelo Departamento de Educação dos Estados Unidos.

Dr. Greene doutorou-se em psicologia clínica em 1989, pela Virginia Tech, após seu pré-doutorado em regime de residência do *Children's National Medical Center*, em Washington, D.C. Anteriormente, foi professor assistente visitante na Faculdade de Psicologia Clínica da Virginia Tech e professor assistente em psiquiatria e pediatria no Centro Médico da Universidade de Massachusetts. Atualmente, vive com a mulher, o filho e a filha nas imediações de Boston.

# Agradecimentos

Gostaria de agradecer as contribuições do dr. Stuart Ablon, um precioso colega e amigo cujos *insights* e entusiasmo foram valiosos ao desenvolvimento do modelo de resolução colaborativa de problemas. Estou em dívida também, como sempre, com Wendy Lipkind, minha agente e amiga.

Minhas idéias sobre assistência e suporte a crianças explosivas e a seus encarregados têm sido influenciadas por vários pais, professores e supervisores. Para mim, ter sido orientado pelo dr. Thomas Ollendick quando cursava o programa de pós-graduação em psicologia clínica, na Virginia Tech, foi uma sorte enorme. Dois psicólogos que me supervisionaram no período em que fiz residência foram particularmente influentes: dr. George Clum, da Virginia Tech e a dra. Mary Ann McCabe, do Centro Médico Nacional das Crianças, em Washington, D.C. Vale ressaltar ainda que provavelmente não teria adotado logo de cara a psicologia como profissão se não tivesse cruzado por acaso o caminho da dra. Elizabeth Altmaier quando me graduava na Universidade da Flórida.

Devo salientar, contudo, que as pessoas mais essenciais ao desenvolvimento de muitas das idéias presentes neste livro, e às quais sou extremamente grato, foram as várias crianças com as quais trabalhei e igualmente os pais que me confiaram seus cuidados.

Gostaria ainda de agradecer às inúmeras pessoas ao redor do mundo que adotaram o modelo de resolução colaborativa de problemas. Ainda que as chances parecessem mínimas, essas pessoas, com perspicácia, entusiasmo e determinação incansável, defenderam a implementação dessa abordagem em suas escolas, clínicas, unidades para pacientes internados e instituições residenciais e de detenção juvenis. Existem pessoas verdadeiramente surpreendentes neste mundo que de fato se importam com a melhoria de vida das crianças, e tem sido para mim um privilégio cruzar o caminho de muitas delas.

Como este livro versa sobre crianças e famílias, eu seria negligente se não reconhecesse os meus: minha mulher, Melissa; meus filhos, Talia e Jacob, os quais me mantêm sempre de bem com a vida, não me deixam parar de aprender e me fazem pôr em prática o que prego; e Sandy, nosso cachorro feroz.

Embora existam no mundo inúmeras meninas explosivas, para facilitar nossa exposição, usamos ao longo deste livro o gênero masculino. Os nomes e as informações de identificação de todas as crianças citadas neste livro são totalmente fictícios. Qualquer semelhança com crianças reais que tenham o mesmo nome é, como diz o ditado, mera coincidência.

# Prefácio

Bem-vindos à terceira edição do livro *A Criança Explosiva*. Muita coisa aconteceu desde a primeira edição, publicada em 1998. Gostaria de ressaltar em primeiro lugar que agora a abordagem descrita aqui tem um nome: resolução colaborativa de problemas (RCP). Para que as pessoas possam compreendê-la e implementá-la com facilidade, essa abordagem tem sofrido também inúmeras atualizações, e essas mudanças são apresentadas na presente edição. Em segundo lugar, contamos atualmente com uma organização sem fins lucrativos — o Instituto de Resolução Colaborativa de Problemas —, cujo propósito é nos dar suporte para alcançarmos um número maior de pais, professores e outros indivíduos que trabalham com crianças explosivas e se preocupam e têm interesse por elas. E, em terceiro lugar, como se tudo isso já não bastasse, o time de beisebol *Boston Red Sox* venceu a Série Mundial, quebrando um jejum de 86 anos.

Esta edição revista continua versando sobre as mesmas crianças: aquelas que normalmente exibem comportamentos extremos — acessos de raiva intensos, recusas, agressões físicas e verbais —, os quais tornam a vida delas, dos pais, dos irmãos, dos professores e de outras pessoas que interagem com elas extremamente desafiadora e frustrante. Obviamente, essas crianças têm sido descritas de várias maneiras: difíceis, desafiadoras, voluntariosas, manipuladoras, exibicionistas, do contra, intransigentes, desmotivadas. Além disso, inúmeros diagnósticos psiquiátricos lhes são atribuídos, como transtorno oposicional-desafiante (TOD), transtorno do déficit de atenção e hiperatividade (TDA/H), transtorno explosivo intermitente, transtorno de Tourette, transtorno bipolar, deficiência de aprendizagem não-verbal, transtorno de Asperger e transtorno obsessivo-compulsivo (TOC). Porém, o comportamento delas em geral tem sido muito mal compreendido.

Por muito tempo, a opinião prevalecente era a de que esse comportamento tinha suas raízes em práticas ineptas de criação e educação dos filhos. No entanto, pesquisas realizadas nas últimas duas décadas propõem que as dificuldades enfrentadas pelas crianças explosivas são bem mais complexas do que se imaginava e podem ser desencadeadas por uma variedade de fatores distintos. Nos últimos 20 anos, houve inúmeras descobertas relacionadas ao cérebro infantil; portanto, neste momento, o que fazemos para ajudá-las deve refletir o que no presente sabemos a respeito delas. Por falar nisso, embora o título deste livro sugira que o conteúdo é relevante apenas a crianças explosivas, o modelo RCP é aplicável igualmente a crianças retraídas, choronas ou 'implodidas'.

Ao escrever esta e a primeira edição de *A Criança Explosiva*, meu objetivo foi oferecer uma interpretação fundamentada sobre as crianças e, a partir dessa interpretação, discorrer sobre uma abordagem prática e abrangente que pudesse abrandar os relacionamentos antagônicos entre as crianças explosivas e os adultos que cuidam delas em casa e na escola.

Desde que trabalhei com a primeira criança explosiva, muito tempo atrás, as demais não apresentaram mudanças substanciais, mas minha abordagem para ajudar tanto as crianças quanto pais e professores mudou consideravelmente. E tornou-se bem mais eficaz.

Como sempre, o único pré-requisito é ter a mente aberta e receptiva.

# Prefácio à edição brasileira

Meu primeiro contato com este livro foi em 2006, quando li o original (em inglês). Fiquei encantada, aliviada e ansiosa. Encantada pela abordagem nova que Dr. Ross Greene apresenta. Aliviada por ver que, uma pessoa tão capacitada como ele pode se dedicar a essas crianças que são verdadeiros desafios para os pais, professores e até mesmo psicólogos e psiquiatras. Ansiosa porque já atendi e atendo tantas famílias que precisavam desta compreensão e orientação.

Uma das situações familiares difíceis de lidar é quando um dos filhos tem o perfil de "criança explosiva". Nestas situações em geral a relação familiar sofre um enorme desgaste, a criança recebe vários rótulos como rebeldes, mimados, manipuladores, mal-educados, exibidos e desafiadores.

Esses rótulos atingem não só a criança, obscurecendo suas qualidades, mas também os pais, que se sentem frustrados, confusos, irritados, tristes, culpados, impotentes, esgotados e desanimados. Estes rótulos ainda os colocam no lugar de pais incompetentes e em geral cria um abismo de incompreensão entre os pais e o filho "explosivo".

O que é então "a criança explosiva"?

A criança explosiva é aquela que reage às situações com extrema inflexibilidade e pouquíssima tolerância à frustração. Ela reage às mudanças e pedidos simples com extrema rigidez, agressões físicas e verbais e tem uma enorme dificuldade em avaliar as conseqüências de suas atitudes quando se sentem frustradas.

Apesar do livro se referir à criança explosiva, a abordagem deste livro se aplica também à criança "implosiva". Esta apresenta também a mesma dificuldade emocional mas ao invés de explodir, se retrai, se fecha ou tem crises de choro.

Dr. Ross Greene assume uma postura que considero afetiva e muito compreensiva: **"as crianças progridem se têm capacidade para isso"**. As crianças não escolhem ser explosivas, elas têm um retardamento no processo de desenvolvimento das habilidades essenciais à flexibilidade e à tolerância à frustração.

Este novo olhar muda por completo a postura de quem convive com essas crianças, pois favorece ao adulto desenvolver uma escuta crítica, uma aproximação através da empatia, cria oportunidades de diálogo e principalmente faz com que os pais tenham expectativas mais reais em relação ao filho, respeitando-o e colaborando para o seu desenvolvimento e superação das dificuldades.

O autor ajuda os pais a identificarem os desencadeadores das crises explosivas, sugerindo "planos de ação" preventivos e emergenciais para as situações. Explica de forma clara e didática que os acessos de raiva acontecem quando a situação exige da criança mais do que ela é capaz de oferecer. Isto faz com que seu cérebro fique paralisado, ficando então mentalmente debilitada e incapaz de ter clareza mental.

É fundamental que não só os pais, mas todos os adultos que têm maior contato com a criança tenham conhecimento de suas dificuldades, assim poderão agir proativamente. Os adultos (principalmente os pais) funcionarão como um "lobo frontal substituto", ou seja, realizarão, no lugar da criança, a atividade mental que ele é incapaz de realizar por si só. Assim que ela aprender a lidar sozinha com as frustrações, o adulto será destituído deste cargo.

O livro dedica um capítulo inteiro à participação da escola neste processo, ressaltando que o fato de uma criança não ter acessos de raiva na escola não significa que a escola não esteja contribuindo para os acessos que ela tem em outro lugar, ou seja, várias coisas que acontecem na escola podem alimentar esses acessos que acontecem em outros lugares, principalmente em casa.

De forma sábia e afetiva, Dr. Greene procura aliviar a culpa dos pais (já que eliminá-la seria tarefa impossível) e distribuir a responsabilidade da situação para a criança e para os adultos que a cercam, aliviando também a criança de um estigma que poderia carregar para o resto da vida e que minaria sua auto-estima. Assim, os pais e professores poderão ajudar a criança a desenvolver as habilidades de flexibilidade e tolerância à frustração, que são fundamentais para seu desenvolvimento global. A capacidade de resolver problemas, solucionar desavenças e controlar as emoções diante de frustrações são fundamentais para que o ser humano esteja bem adaptado ao mundo (que certamente será pouco tolerante aos adultos explosivos).

É importante destacar ainda que, somado ao comportamento explosivos podem haver outros transtornos, como TDA/H (transtorno de déficit de atenção e hiperatividade), que está presente em cerca de 80% dos casos. O acompanhamento psicológico faz-se necessário para as crianças explosivas, não só para ajudar no desenvolvimento das habilidades citadas, mas também para uma correta orientação dos pais e professores. Há casos ainda, em que o acompanhamento psiquiátrico torna-se indispensável, devido a necessidade de adotar algum medicamento que favoreça o tratamento (este assunto também é apresentado no livro).

A abordagem do autor é instigante, interessante, bem fundamentada e bem exemplificada. Com esta obra, que nos Estados Unidos vendeu mais de 350.000 cópias, Dr. Ross Greene vem beneficiando não só os leitores como também tantas crianças que vêm sendo incompreendidas e que vêm sofrendo com suas dificuldades e tumultuados relacionamentos familiares e sociais.

Recomendo este livro a pais, educadores, irmãos mais velhos, profissionais da área de saúde ou qualquer outro adulto que tenha contato com crianças de modo geral e não só explosivas.

Boa leitura.
**Natércia Tiba**

---

Psicóloga Clínica de Crianças e Adolescentes, Psicodramatista, membro da FEBRAP (Federação Brasileira de Psicodrama), da APTF (Associação Paulista de Terapia Familiar) e da IAGP (International Association of Group Psychotherapy). Colaboradora no livro *Quem Ama, Educa* de Içami Tiba e responsável pela ampliação, revisão e atualização do livro *Seja Feliz, meu Filho*, do mesmo autor.

# Capítulo 1

# O episódio dos *waffles*

Jennifer, 11 anos, acorda, arruma a cama, dá uma olhada ao redor do quarto para verificar se tudo está no devido lugar e dirige-se à cozinha para preparar seu café da manhã. Examina o que há no *freezer* para comer, apanha um pote de *waffles* congelados e conta quantos ainda restam — seis. "Vou comer três *waffles* agora e três amanhã de manhã", pensa Jennifer consigo mesma. Põe então três *waffles* para tostar e em seguida senta-se para tomar seu café-da-manhã.

Algum tempo depois, sua mãe e seu irmão de 5 anos, Adam, entram na cozinha. A mãe pergunta ao menino o que ele gostaria de comer no café da manhã. "*Waffles*", responde Adam. Assim, ela abre o *freezer* para apanhá-los. Porém, Jennifer, que estava até então ouvindo tudo atentamente, dá vazão à sua raiva.

— Ele não pode comer esses *waffles* que estão aí! — grita Jennifer, enrubescendo rapidamente.

— Por que não? — pergunta a mãe, já com a voz alterada e a pulsação acelerada, tentando a todo custo entender o comportamento da filha.

— Porque eu é que vou comê-los amanhã de manhã! — berrou Jennifer, saltando da cadeira.

— Mas o seu irmão também quer, e hoje! — berrou a mãe em resposta.

— Ele não pode comê-los! — gritou Jennifer, agora encarando a mãe.

A mãe, precavida contra as agressões físicas e verbais das quais sua filha é capaz nesses momentos, e já desesperada, pergunta ao filho se há alguma outra coisa que ele gostaria de comer.

— Eu quero *waffles*... — choraminga Adam, escondendo-se atrás da mãe.

Jennifer, extremamente frustrada e agitada, empurra a mãe, tirando-a do caminho, apodera-se do pote de *waffles* congelados, bate com força a porta do *freezer*, lança ao chão uma das cadeiras da cozinha, agarra o prato de *waffles* torrados e sai dali para o seu quarto batendo o pé, evidentemente irritada. Seu irmão e sua mãe começam a chorar.

Os familiares de Jennifer já enfrentaram milhares de episódios explosivos iguais a esse. Em várias situações, seus acessos de raiva são mais intensos e prolongados do que esse que acabamos de relatar e envolvem mais agressões físicas e verbais (com 8 anos, ela estourou com o pé o pára-brisa dianteiro do carro da família). Profissionais da área de saúde mental já deram uma série de diagnósticos ao caso de Jennifer: transtorno desafiante opositor, transtorno bipolar, transtorno explosivo intermitente e assim por diante. Entretanto, para os pais, um mero rótulo não é suficiente para explicar o desgosto, a perturbação e o trauma causados pelos acessos de raiva da filha.

Seus irmãos e sua mãe têm medo dela. A instabilidade e a inflexibilidade extremas de Jennifer requerem vigilância constante e consomem a energia da mãe e do pai, prejudicando, portanto, a atenção que os pais gostariam de dedicar a seu irmão e irmã. O pai e a mãe com freqüência têm opiniões divergentes sobre a melhor maneira de lidar com o comportamento de Jennifer. Entretanto, ambos acreditam que a tensão provocada pela filha interfere seriamente na relação deles como casal. Embora sua inteligência esteja acima da média, Jennifer não tem amigos íntimos; as crianças que inicialmente se aproximam dela para uma amizade mais cedo ou mais tarde acabam chegando à conclusão de que sua personalidade rígida é difícil de tolerar.

Ao longo do tempo, seus pais procuraram a ajuda de inúmeros profissionais da área de saúde mental. Segundo a maioria deles, para controlar o comportamento de Jennifer, eles teriam de estabelecer limites e ser mais consistentes. Para isso, deram aos pais instruções sobre como implementar estratégias formais de recompensas e punições, geralmente por meio de adesivos (*stickers*) e castigos. Quando essas estratégias não funcionavam, Jennifer era medicada com várias combinações de remédios, os quais não produziam um efeito sensível. Após oito anos de conselhos discrepantes, limites mais rígidos, remédios e programas motivacionais — isto é, desde o momento em que Jennifer começou a andar e seus pais perceberam que havia algo "diferente" nela —, a menina pouco mudou.

— As pessoas em geral não conseguem imaginar quanto é humilhante ter medo da própria filha — disse a mãe certa vez. — Os casais que não têm filhos como Jennifer não fazem idéia do que é viver desse jeito. Acreditem se quiserem, mas não foi com isso que eu sonhava quando pensava em ter filhos. Vivo um pesadelo.

— Ninguém consegue imaginar o quanto é constrangedor ver Jennifer 'perder o controle' perto de outras pessoas que não a conhecem — continuou a mãe. — Às vezes tenho vontade de dizer: "Olha, tenho mais dois filhos em casa que não se comportam dessa maneira. Tenho certeza de que sou uma boa mãe!".

— Eu sei que as pessoas ficam pensando: "Os pais dessa menina só podem ser frouxos... O que uma criança na verdade precisa é de uma boa surra". — Podem acreditar. Nós tentamos de tudo. Mas ninguém foi competente o suficiente para dizer algo que pudesse ajudá-la... Ninguém teve capacidade para nos dizer qual é o problema que ela tem!

— Detesto ter me transformado numa pessoa assim. Costumava me achar uma pessoa gentil, paciente e simpática. Mas Jennifer me fez ter condutas das quais nunca imaginei ser capaz. Estou esgotada emocionalmente. Não posso continuar vivendo assim.

— Conheço vários outros pais que têm filhos muito mais difíceis... Filhos hiperativos ou com dificuldade de prestar atenção nas coisas, entende? Daria tudo para ter um filho que fosse apenas hiperativo ou apenas tivesse dificuldade de prestar atenção! O problema de Jennifer parece não ter classificação! Isso me faz sentir extremamente sozinha.

A verdade é que essa mãe não está sozinha; existem por aí milhares de Jennifer. Os pais de crianças como ela com freqüência descobrem que as estratégias que normalmente são eficazes para modelar o comportamento de outras crianças — como explicar, ponderar, tranqüilizar, acalentar, insistir, ignorar, recompensar e punir — não têm o mesmo resultado. Mesmo os medicamentos comumente prescritos em geral não promovem uma melhora satisfatória. Se você decidiu começar a ler este livro porque tem um filho ou uma filha como Jennifer, provavelmente sabe bem como os pais se sentem frustrados, confusos, irritados, tristes, culpados, completamente desarmados, esgotados e desanimados.

Além dos diagnósticos mencionados anteriormente, crianças como Jennifer podem receber qualquer outro diagnóstico dentre as inúmeras doenças psiquiátricas e inaptidões de aprendizagem, incluindo o transtorno do déficit de atenção e hiperatividade (TDA/H), depressão, transtorno de Tourette, transtornos de ansiedade (como o transtorno obsessivo-compulsivo — TOC), distúrbios de processamento da linguagem, disfunção da integração sensorial, deficiências de aprendizagem não-verbal (NLD, *nonverbal learning disability*), transtorno reativo de vinculação e transtorno de Asperger. Além disso, verifica-se que crianças assim têm temperamento difícil. Seja qual for a classificação, as poucas características que permitem distinguir crianças como Jennifer — a saber, extrema inflexibilidade e pouquíssima tolerância a frustrações — tornam a vida delas e das pessoas que interagem com elas significativamente mais difícil e desafiadora. Essas crianças têm enorme dificuldade para avaliar com cuidado os possíveis efeitos de sua conduta quando ficam frustradas e normalmente reagem até mesmo a mudanças e pedidos simples com extrema rigidez e agressões físicas e verbais freqüentes. Para facilitar, ao longo do livro, usarei 'explosivas' em referência a crianças com essas características, mas a abordagem descrita aqui é igualmente aplicável a crianças 'implosivas' — aquelas cuja inflexibilidade e baixa tolerância a frustrações fazem com que elas se fechem e se retraiam.

Em que sentido as crianças explosivas são diferentes das outras? Vejamos como as crianças podem reagir de forma distinta a uma situação familiar razoavelmente comum. Imagine que a Criança 1 — Robert — esteja assistindo à televisão e sua mãe lhe peça para arrumar a mesa do jantar. Para Robert se adequar à programação da mãe (arrumar a mesa do jantar), interrompendo *sua* programação (assistir à televisão), é extremamente fácil. Ele não vê problemas nisso. Portanto, em resposta a um pedido da mãe ("Robert, por favor, desligue a televisão e venha arrumar a mesa do jantar."), ele provavelmente diria: — Tá bom, mamãe, estou indo — e tomaria providências para atender a seu pedido.

A Criança 2 — Andrew — é um pouco mais difícil. Ela não se sente tão confortável para mudar sua programação e atender a um pedido da mãe, mas é capaz de controlar sua frustração e interromper de uma hora para outra o que está fazendo para atender a um pedido (às vezes com a ajuda de uma ameaça que ela de fato tema). Desse modo, em resposta ao pedido da mãe ("Andrew, por favor, desligue a televisão e venha arrumar a mesa do jantar."), a princípio provavelmente ela diria, berrando: — Sem chance... eu não quero arrumar a mesa agora — ou então reclamaria: — Você sempre me pede pra fazer coisas justamente quando estou fazendo algo de que gosto!. Contudo, utilizando algo suplementar ("Andrew, se você não desligar a televisão e vir arrumar a mesa do jantar agora mesmo, vai ficar de castigo!"), as crianças 'um pouco mais difíceis' interrompem o que estão fazendo e atendem ao que lhes é pedido.

E agora vejamos um terceiro exemplo, o de Jennifer, uma criança explosiva para a qual um pedido para interromper e mudar o que está fazendo — de sua programação para a programação da mãe — em geral provoca uma frustração razoavelmente rápida, intensa e debilitante. Em resposta ao pedido ("Jennifer, por favor, desligue a televisão e venha arrumar a mesa do jantar."), crianças desse tipo ficam imobilizadas (empacadas) e com freqüência em algum momento explodem (mesmo diante de uma ameaça que elas temam). E, em situações como essa, não é possível prever o que elas podem dizer ou fazer.

As crianças explosivas variam em gênero e grau. Algumas ficam irritadas dezenas de vezes, todos os dias; outras, apenas algumas vezes ao longo da semana. Muitas 'se descontrolam' somente em casa, outras somente na escola e algumas em casa e na escola. Algumas gritam quando se frustram, mas não xingam nem ficam física e verbalmente agressivas. Richard, por exemplo, um adolescente de 14 anos com essas características, extremamente determinado e carismático e diagnosticado como TDA/H, se pôs a chorar em nossa primeira sessão quando lhe perguntei se achava uma boa idéia se começássemos a ajudá-lo a controlar sua frustração para que assim pudesse se relacionar melhor com os membros de sua família. Outras crianças gritam e xingam, mas não usam violência física, como é o caso de Jack, um garoto de 10 anos, empenhado, inteligente e melancólico, diagnosticado com TDA/H e transtorno de Tourette, que apresentava um padrão bastante consistente de inflexibilidade e irritação diante de questões consideravelmente triviais e cujos palavrões e gritos diante de situações frustrantes provocavam comportamentos semelhantes em seus pais. Outros, ainda, reúnem características variadas, como Marvin, um menino de 8 anos, animado, ativo, impulsivo, irascível e em grande medida irrequieto, diagnosticado com transtorno de Tourette, depressão e TDA/H, que reagia a mudanças inesperadas com uma intensidade inimaginável (e ocasionalmente com violência física). Em uma determinada ocasião, o pai de Marvin sem querer apagou uma lâmpada desnecessária no quarto em que ele estava jogando videogame e isso acabou provocando no menino um acesso de raiva descomunal de uma hora de duração.

Uma questão que provavelmente ficará bem evidente, à medida que você prosseguir na leitura deste livro, é que essas crianças têm qualidades maravilhosas e um tremendo potencial. Na maioria das vezes, suas habilidades cognitivas usuais desenvolveram-se em um ritmo normal. Contudo, a inflexibilidade e a baixa tolerância a frustrações na maior parte do tempo obscurecem seus traços positivos, causando nelas e nas pessoas ao redor imenso sofrimento. Não há nenhum outro grupo de crianças tão mal compreendido. Seus pais normalmente são pessoas afetivas, atenciosas e bem-intencionadas, mas com freqüência se sentem culpados por não serem capazes de ajudar os filhos.

— Como você sabe — costumava dizer a mãe de Jennifer —, toda vez que eu alimento minhas esperanças, toda vez que tenho oportunidade de interagir de uma maneira prazerosa com Jennifer, consigo ficar um pouco otimista e voltar a gostar dela, mas isso tudo vai por água abaixo assim que ela tem um surto de raiva. Tenho vergonha de dizer isso, mas na maior parte do tempo não consigo gostar dela e com certeza não gosto do que ela está causando à nossa família. Estamos o tempo todo vivenciando uma crise que parece não ter fim.

## O episódio dos *waffles*

Não há dúvida de que há algo diferente em crianças como Jennifer, na vida real. Essa é uma constatação decisiva tanto para os pais quanto para as pessoas que costumam cuidar dessas crianças. Há uma esperança, entretanto, desde que os pais, professores, parentes e terapeutas estejam dispostos a chegar a uma segunda constatação: as crianças explosivas normalmente requerem um enfoque distinto daquele aplicado a outras crianças em relação à disciplina e à imposição de limites.

Para lidarmos de uma maneira mais eficaz com as crianças explosivas, é necessário, em primeiro lugar, compreender por que elas se comportam como tal. Com essa compreensão, as estratégias a serem empregadas para que as coisas melhorem se tornam evidentes por si sós. Em algumas circunstâncias, no próprio processo em que se procura alcançar uma compreensão mais precisa das dificuldades de uma dada criança é possível melhorar as interações entre adulto e criança, até mesmo antes da implementação de uma determinada estratégia formal. Os primeiros capítulos deste livro pretendem justamente ajudá-lo a refletir a respeito do motivo pelo qual essas crianças se adaptam tão mal a mudanças e apelos. Ao longo do caminho, você terá oportunidade de saber por que razão as estratégias populares para lidar com crianças com dificuldade em geral se mostram menos eficazes do que esperamos. Nos capítulos posteriores, abordaremos estratégias alternativas comprovadamente benéficas a várias crianças, famílias e professores com os quais trabalhei ao longo da vida.

Se você, leitor, for pai ou mãe de uma criança explosiva, este livro lhe oferece a possibilidade de devolver à sua família certo equilíbrio mental e otimismo e pode auxiliá-lo a sentir que de fato é capaz de lidar confiante e competentemente com as dificuldades de seu filho. Se for parente, amigo, professor ou terapeuta, este livro, no mínimo, vai alargar sua compreensão. Não há nenhuma simpatia milagrosa. Há, porém, razão para ser otimista e ter esperança.

# Capítulo 2
# As crianças progridem quando têm capacidade para isso

Uma das coisas mais surpreendentes e gratificantes em ser pai ou mãe é ver nossos filhos desenvolverem novas habilidades e dominarem tarefas cada vez mais complexas de um mês para outro ou de um ano para outro. Primeiro engatinham, depois começam a andar e de repente já estão correndo para lá e para cá; a princípio, apenas balbuciam, mas lentamente ganham segurança para falar com desenvoltura; do sorriso passam a desenvolver formas mais sofisticadas de socialização; e o domínio das letras do alfabeto prepara o terreno para que leiam palavras inteiras e, posteriormente, sentenças, parágrafos e livros.

É igualmente surpreendente como as habilidades de diferentes crianças se desenvolvem de modo tão desigual. Algumas têm maior facilidade para aprender a ler do que para aprender matemática. Outras acabam se tornando excelentes atletas, ao passo que muitas não têm nenhum jeito para os esportes. Em determinados casos, o desenvolvimento de algumas habilidades pode demorar a ocorrer por falta de contato da criança com a atividade em questão (por exemplo, talvez Steve não consiga chutar muito bem uma bola porque ninguém lhe ensinou a fazer isso). O mais comum, entretanto, é as crianças terem dificuldade para aprender uma habilidade específica ainda que tenham o desejo de dominá-la e de obter as instruções normalmente necessárias para isso. Não é que elas não queiram aprender; elas na verdade não aprendem tão facilmente quanto esperamos. Quando uma criança demora muito a desenvolver habilidades em uma área específica, em geral lhe oferecemos um suporte especial, como quando o treinador de futebol de

Steve lhe deu instruções sobre como chutar uma bola no ângulo ou a escola de Ken lhe ofereceu reforço em leitura.

Da mesma maneira que algumas crianças demoram a adquirir a habilidade de leitura ou habilidades atléticas, outras — as crianças sobre as quais este livro versa — não conseguem progredir na proporção que esperamos quando o assunto é *flexibilidade* e *tolerância a frustrações*. O domínio dessas habilidades é fundamental ao desenvolvimento global de uma criança porque a interação adaptativa com o mundo requer a capacidade contínua de resolver problemas, solucionar desavenças e controlar as emoções experimentadas em situações frustrantes. Na verdade, é difícil imaginar inúmeras circunstâncias vividas por uma criança ao longo do dia que não requeiram flexibilidade, adaptabilidade e tolerância a frustrações. Quando duas crianças discordam sobre o que jogar, esperamos que ambas tenham a habilidade necessária para resolver a disputa de uma maneira mutuamente satisfatória. Quando o mau tempo força os pais a cancelar uma viagem há muito tempo planejada para o filho em um parque de diversão, esperamos que ele tenha a habilidade de expressar apropriadamente sua decepção, aceite mudar sua programação em cima da hora e concorde em seguir um plano alternativo. Quando uma criança está totalmente envolvida com um jogo de videogame, exatamente na hora do jantar, esperamos que ela seja capaz de interromper o jogo, de controlar seus evidentes sentimentos de frustração e de ponderar de uma forma suficientemente clara para reconhecer que ela pode voltar a jogar mais tarde. E quando uma criança decide que comerá três *waffles* no café da manhã hoje e três amanhã e seu irmão mais novo chega à conclusão de que também quer três *waffles* hoje, esperamos que essa criança tenha capacidade de pensar de uma maneira não tão absoluta, simplista e unilateral — preto-e-branco — ("Não tem conversa. Esses três *waffles* são para eu comer amanhã de manhã. Então, de modo algum vou deixar meu irmão comê-los hoje.") e reconheça a relatividade das coisas ou uma solução intermediária ("Na verdade, acho que não preciso comer todos esses *waffles*... Posso pedir à mamãe para comprar mais... Além disso, talvez eu nem sinta vontade de comê-los amanhã.").

Algumas crianças são inflexíveis e se frustram facilmente desde o momento em que chegam ao mundo. Por exemplo, os bebês com

## As crianças progridem quando têm capacidade para isso

temperamento difícil podem apresentar cólica, ter o sono irregular e dificuldades para se alimentar, podem se mostrar difíceis de ser consolados ou tranqüilizados, podem reagir muito emocionalmente a ruídos, luzes e ao desconforto (fome, frio, fralda molhada etc.) e podem, ainda, reagir mal a mudanças. Outras crianças talvez só comecem a apresentar sintomas de inflexibilidade e intolerância a frustrações mais tarde na vida, quando aumentam as exigências de habilidades de linguagem, organização, controle dos impulsos e regulação emocional e de habilidades sociais.

E aqui vale ressaltar uma questão fundamental: as crianças sobre as quais estamos falando neste livro não *escolhem* ser explosivas — tanto quanto uma criança não escolheria ter deficiência de aprendizagem —, mas elas apresentam retardamento no processo de desenvolvimento das habilidades essenciais à flexibilidade e à tolerância a frustrações. Conseqüentemente, explicações convencionais, como aquelas que tentam justificar por que as crianças têm acesso de raiva ou se recusam a fazer o que lhes solicitamos — "Ele está fazendo isso para chamar a atenção"; "Ele só aceita as coisas do jeito dele"; "Ele está nos manipulando"; "Ele poderia melhorar, se de fato quisesse"; "Ele consegue se sair bem quando quer" —, não são eficazes. Há uma grande diferença entre considerar um comportamento explosivo uma conseqüência da falta de sucesso em progredir desenvolvimentalmente e considerá-lo um comportamento aprendido, planejado, intencional, proposital ou orientado a uma meta. É por esse motivo que nossa interpretação a respeito do comportamento explosivo de uma criança está intimamente relacionada ao modo como tentamos mudar esse comportamento. Em outras palavras, *é o nosso esclarecimento que guia a nossa intervenção*.

Vale a pena pensar sobre esse tema por um momento. Se você interpreta o comportamento de uma criança como planejado, intencional, orientado a uma meta e proposital, então rótulos do tipo 'rebelde', 'voluntarioso', 'intransigente', 'manipulador', 'mal-educado', 'exibido', 'controlador', 'resistente', 'desmotivado', 'incontrolável' e 'desafiador' soarão razoáveis para você e estratégias populares destinadas a motivar comportamentos condescendentes e a 'ensinar à criança quem manda' serão perfeitas. Se é assim que você explica o comportamento explosivo de seu filho, você não é o único. Não é o único também, caso essa interpretação e as intervenções que dela derivam não tiverem sido capazes de produzir resultados produtivos.

Ao longo deste livro, sempre aconselho o leitor a não considerar o 'saber' convencional e a dar alguma atenção a uma explicação alternativa: que seu filho já está bem motivado a se sair bem e que seu comportamento explosivo reflete um atraso no desenvolvimento — um determinado tipo de deficiência de aprendizagem — de habilidades como a flexibilidade e a tolerância a frustrações. Nesse sentido, despender uma enorme energia para motivar seu filho e ensinar-lhe quem é que manda pode na realidade ser contraprodutivo, visto que ele já está motivado e já sabe reconhecer quem é que manda.

Desse modo, haveria uma maneira melhor de compreender essas crianças? Haveria formas mais precisas para descrever suas dificuldades? E haveria estratégias alternativas que correspondessem mais adequadamente às necessidades das crianças explosivas e de suas famílias?

Sim, sim e, mais uma vez, sim.

Vejamos a princípio a parte relacionada à compreensão. O tópico mais importante deste livro diz respeito ao seguinte:

*As crianças progridem quando têm capacidade para isso.*

Em outras palavras, se seu filho tivesse capacidade para se sair bem, ele se sairia bem. Se pudesse lidar com as opiniões divergentes e os limites impostos pelos adultos e com as exigências para com ele, sem explodir, também o faria. E agora você já sabe por que ele não consegue: ele tem deficiência de aprendizagem nas habilidades de flexibilidade e tolerância a frustrações. E o que provocou isso nele? Na verdade, existem algumas habilidades específicas das quais provavelmente ele não dispõe. Falaremos mais detalhadamente a respeito dessas habilidades no capítulo seguinte. O que podemos fazer para ajudá-lo? Ah, é justamente isso que os demais capítulos deste livro abordam.

O problema é que uma filosofia significativamente diferente — *as crianças progridem quando de fato desejam* — com freqüência orienta a maneira de pensar do adulto em suas interações com crianças explosivas. Para os adeptos dessa filosofia, embora desde cedo as crianças sejam capazes de se comportar de modo mais apropriado, simplesmente não desejam. E por que elas não desejam? Uma explicação previsível, mecânica e irrefletida — mesmo entre vários profissionais da saúde bem-intencionados — é que *seus pais não são bons disciplinadores*. É óbvio que essa explicação não nos ajuda a compreender por que inúmeros irmãos e irmãs de crianças explosivas na verdade comportam-se muito bem. Contudo, como era de esperar, essa filosofia e explicação abrem caminho para intervenções que pretendem incitar o desejo dessas crianças de progredir e auxiliar os pais a se tornarem disciplinadores mais eficazes, normalmente por meio da implementação de programas de recompensa e punição comuns. No Capítulo 5, falaremos mais sobre o motivo por que esses programas em geral não são produtivos.

Vejamos agora a parte relacionada à interpretação. Regra número um: não se fie demasiadamente em diagnósticos psiquiátricos para tentar compreender um filho explosivo. Esses diagnósticos não o ajudam a identificar as habilidades de pensamento conciliatório subjacentes aos surtos explosivos de seu filho. Dizer que uma criança 'é TDA/H' ou 'transtorno bipolar' ou 'transtorno obsessivo-compulsivo' não nos fornece nenhuma informação sobre as habilidades de pensamento que faltam à determinada criança e que nós, adultos, precisamos ajudá-la a desenvolver.

Melhor do que qualquer diagnóstico é uma interpretação que ajude as pessoas a compreender o que está ocorrendo quando uma criança (ou da mesma forma um adulto) tem um surto de raiva:

*Um acesso de raiva — assim como outras formas de comportamento mal adaptativo — ocorre quando as exigências cognitivas em relação a uma pessoa sobrepujam sua capacidade de corresponder adaptativamente.*

Você não encontrará essa interpretação em nenhum manual de diagnóstico (eu não me preocuparia muito com isso). Na verdade, ela é uma boa interpretação para a vasta maioria dos comportamentos mal adaptativos exibidos pelos seres humanos. É por isso que as pessoas têm ataques de pânico. É por essa razão que uma criança poderia se recusar a dormir à noite em seu próprio quarto. Ou engatinhar debaixo de uma mesa e curvar-se em posição fetal. Porém, no caso das crianças por nós abordadas neste livro — as explosivas —, é por esse motivo que elas surtam. A esta altura, precisamos apenas descobrir que fatores estão interferindo na capacidade de *seu* filho de reagir adaptativamente às exigências que lhe são feitas de flexibilidade e tolerância a frustrações.

Nada é mais frustrante para um pai ou mãe do que ter um filho com um problema crônico ainda não totalmente compreendido. Se seu filho tem dores de estômago crônicas, dores de cabeça crônicas, eczema agudo, respiração difícil, é natural que você deseje saber o motivo! E se seu filho tiver dificuldades crônicas de tolerar frustrações e de lidar com exigências de flexibilidade, você naturalmente também desejará saber por quê! Quando os próprios pais se vêem exageradamente frustrados e confusos em relação aos surtos explosivos do filho, eles mesmos com freqüência exigem que a criança dê uma explicação lógica a respeito de seus atos. Usualmente, seu filho não seria a pessoa adequada para você pedir explicações.

**Pai ou Mãe:** — Nós já conversamos sobre isso milhões de vezes...POR QUE VOCÊ NÃO FAZ O QUE ESTOU PEDINDO? POR QUE VOCÊ ESTÁ TÃO IRRITADO?

**Filho(a) explosivo(a):** — Eu não sei.

A resposta enfurecida da criança normalmente intensifica ainda mais a frustração dos pais. Vale a pena observar, porém, que é provável que a criança esteja dizendo a verdade.

Em um mundo perfeito, a criança responderia algo do tipo:

— Sabe, mamãe e papai, eu tenho esse pequeno problema. Vocês — e um monte de outras pessoas — estão constantemente me dizendo o que devo fazer ou exigindo que eu deixe de pensar o que estava pensando e pense como vocês, mas eu não consigo fazer isso. Na verdade, quando vocês me pedem algo assim, começo a me frustrar. E quando começo a me frustrar, não consigo pensar claramente, o que me faz ficar ainda mais frustrado. Daí, vocês ficam furiosos. E eu começo a fazer coisas de que não gostaria e a dizer coisas de que também não gostaria. Então, vocês ficam ainda mais furiosos e me punem, e tudo fica realmente confuso. Depois que a poeira abaixa — quer dizer, quando de novo consigo clarear minha mente —, fico extremamente arrependido das coisas que fiz e disse. Eu sei que isso

## As crianças progridem quando têm capacidade para isso

não parece nada engraçado para vocês, mas tenham certeza de que eu também não estou tendo nenhum prazer nisso.

Infelizmente, vivemos em um mundo imperfeito. As crianças explosivas raramente têm habilidades suficientes para descrever suas dificuldades com essa clareza. Contudo, algumas crianças e adultos são bem mais articulados em relação ao que ocorre no meio de um surto de raiva. Uma criança usou a expressão "bloqueio cerebral" para descrever como seu cérebro ficava paralisado no meio de uma frustração. De acordo com o relato dessa criança, ela se fixava em uma idéia e, a partir daí, encontrava enorme dificuldade para se desbloquear, mesmo que as outras pessoas usassem estratégias aceitáveis ou judiciosas ao tentarem desbloqueá-la. Outra criança, com uma habilidade surpreendente para lidar com computadores, disse que gostaria que seu cérebro tivesse um processador Pentium. Assim, poderia pensar mais rápido e eficazmente quando ficasse frustrada. Dr. Daniel Goleman, autor de *Inteligência emocional*[1], chama essas explosões de "seqüestro neural". É óbvio que, quando uma criança está no meio de uma explosão, está mentalmente debilitada e não consegue ter clareza mental. Nosso objetivo, naturalmente, é garantir que o cérebro de seu filho não sofra um bloqueio ou que seus neurônios não sejam seqüestrados; é ajudá-lo a pensar mais clara e eficientemente no meio de uma frustração; e assegurar que sua mente não fique debilitada, deficiente e distraída.

A esta altura, você já obteve várias idéias para digerir. Apresentamos agora um breve resumo dos pontos mais importantes:

- Flexibilidade e tolerância a frustrações são habilidades de desenvolvimento fundamentais que algumas crianças não desenvolvem no ritmo apropriado para a sua idade. O desenvolvimento inadequado dessas habilidades pode contribuir para uma variedade de comportamentos — surtos repentinos, explosões e agressões físicas e verbais, em geral em resposta ao que poderia parecer o mais aprazível e trivial em

---

[1] GOLEMAN, Daniel. *Inteligência emocional*: teoria revolucionária. Rio de Janeiro: Editora Objetiva, 2001.

uma determinada circunstância — cujo impacto sobre seus relacionamentos e interações com os pais, os professores, os irmãos e os colegas é traumático e adverso.

- A maneira como você explica o comportamento explosivo de seu filho e a linguagem que usa para descrevê-lo influenciarão diretamente as estratégias que empregará para ajudá-lo a mudar esse comportamento.

- Não considerar e não utilizar explicações convencionais significa também não considerar e não utilizar as práticas convencionais empregadas pelos pais. Você precisa de um novo plano. Primeiramente, porém, apresentamos a você algumas questões sobre as quais deve refletir e tentar entender antes disso.

Capítulo 3

# Vias e desencadeadores

Algumas coisas importantes precisam ocorrer se quisermos diminuir ou eliminar os acessos de raiva de seu filho. Caso seja verdadeira a afirmação de que *as crianças progridem quando têm capacidade para isso*, então precisamos conseguir, acima de tudo, compreender quais são de fato os fatores que estão impedindo que seu filho se saia bem. Em outras palavras, precisamos identificar os fatores que estão comprometendo suas habilidades no que diz respeito à flexibilidade e tolerância a frustrações. Neste capítulo, examinaremos mais de perto as "vias" específicas que provavelmente possibilitam as explosões. Por que são chamadas de vias? Porque cada categoria abrange habilidades de pensamento específicas cuja ausência faz com que a criança abra *caminho* para o comportamento explosivo.

Para a nossa felicidade, a lista de possibilidades não é extremamente longa: *habilidades de execução, habilidades de processamento da linguagem, habilidades de regulação emocional, habilidades de flexibilidade cognitiva* e *habilidades sociais*. Entretanto, você precisa observar algumas questões em relação a essa lista antes de adotá-la. Em primeiro lugar, observe que todas as categorias incluem a mesma palavra: *habilidades*. Para ter uma idéia melhor do que são essas vias, pense nelas como *habilidades que precisam ser treinadas*. Em segundo lugar, tenha em mente que os programas de recompensa e punição não treinam nenhuma dessas habilidades na criança. É isso mesmo: não é possível treinar habilidades de execução, habilidades de linguagem, habilidades de regulação emocional, habilidades de flexibilidade cognitiva ou habilidades sociais com adesivos (*stickers*) ou castigos. Em terceiro lugar, não há nenhum diagnóstico nessa lista. Você já tem conhecimento do motivo: os diagnósticos não são muito eficientes para ajudá-lo a identificar que habilidade de pensamento falta a seu filho. Finalmente, as expressões "cuidados paternais e maternais inadequados" e "falta de disciplina" também não estão na lista. Não é por falta de aptidão dos pais para criar e educar o filho nem por falta de disciplina que uma criança deixa de desenvolver as habilidades de flexibilidade e tolerância a frustrações.

Identificar essas vias em seu filho envolve inúmeras responsabilidades fundamentais. Primeiro, se for capaz de apontar com precisão as habilidades de pensamento que faltam a seu filho e que estão contribuindo para aumentar suas dificuldades, é improvável que você (ou qualquer outra pessoa, caso você seja persuasivo) continuará a classificar seu comportamento como exibicionista, manipulador ou desmotivado. Segundo, identificar as vias tornará as explosões de seu filho mais previsíveis. Finalmente, se você souber quais habilidades de pensamento faltam a seu filho, saberá exatamente quais habilidades devem ser ensinadas.

## HABILIDADES DE EXECUÇÃO

As habilidades de execução — incluindo *mudança dos padrões cognitivos* (shifting cognitive set — a capacidade de mudar eficientemente de uma atitude mental para outra), *organização* e *planejamento* (organizar um plano de ação coerente para lidar com um problema ou uma frustração) e *separação dos sentimentos* (capacidade de separar suas reações emocionais diante de um problema no momento em que precisa imaginar algo para solucioná-lo) — são essenciais para que uma pessoa tenha capacidade de lidar eficazmente com a frustração, de pensar de modo flexível e de solucionar problemas. Embora se acredite que essas habilidades sejam governadas pelas regiões cerebrais frontal, pré-frontal e subcortical interconectada frontalmente, o que de fato é benéfico em relação a isso é que por meio delas podemos compreender o que está ocorrendo (ou, talvez mais precisamente, o que *não* está ocorrendo) no cérebro de inúmeras crianças explosivas. Por falar nisso, a maioria das crianças diagnosticas com TDA/H encontra dificuldades em relação às habilidades de execução. Vejamos rapidamente cada uma dessas habilidades.

Mudar de um ambiente (tal como o recreio) para um ambiente completamente diferente (por exemplo, uma aula de leitura) exige a mudança de uma atitude mental ('no recreio, a criança pode correr de um lado para outro, fazer barulho e socializar') para outra ('na aula de leitura, sentamos na carteira e lemos silenciosa e independentemente'). Se uma criança tiver dificuldade de mudar seu padrão cognitivo, é bem provável que continuará raciocinando e agindo por um longo tempo na aula de leitura como se estivesse no recreio. Em outras palavras, a dificuldade de mudar o padrão cognitivo explica por que inúmeras crianças encontram dificuldade para fazer a transição entre as regras e expectativas de uma determinada atividade e as regras e expectativas de outra. E essa dificuldade, além disso, pode explicar por que uma criança fica paralisada quando, por exemplo, seus pais pedem para que pare de assistir à televisão e vá jantar. Se a criança for inapta a mudanças e se outros fatores — por exemplo, quando os pais *insistem* para que ela mude de atitude rapidamente — contribuírem para a sua crescente frustração ou comprometerem sua capacidade de pensar com clareza, mesmo o pedido aparentemente mais simples para que ela mude pode desencadear sérias manifestações de sentimentos. Essas crianças não são inflexíveis propositadamente; na verdade, elas têm dificuldade de mudar de maneira flexível e eficaz de uma atitude mental para outra.

> **Pai ou mãe:** Meu filho se comporta satisfatoriamente, a menos que algo não saia da maneira que ele quer.
>
> **Terapeuta:** Exatamente.
>
> **Pai ou mãe:** Isso não quer dizer que ele quer as coisas sempre do jeito dele?
>
> **Terapeuta:** Todos nós queremos as coisas do nosso jeito. Seu filho na verdade não desenvolveu algumas das habilidades necessárias para mudar de uma hora para outra sua atitude mental para a atitude que você deseja que ele assuma.
>
> **Pai ou mãe:** Nesse caso, o que devemos fazer?
>
> **Terapeuta:** Ensinar-lhe essas habilidades.

## A Criança Explosiva

Como podemos saber que uma criança está encontrando dificuldade para mudar seu padrão cognitivo? Ela mesma nos diz! Vejamos:

**Pai ou mãe:** — Eu estou um pouco atrasada hoje. Termine seu café, ponha a louça na pia e se arrume para a escola.

**Filho(a):** — Eu ainda não acabei de comer.

**Pai ou mãe:** — Então, por que você não pega uma maçã ou alguma outra coisa para comer pelo caminho? Vamos, depressa! Ainda tenho de passar no correio antes de deixar você na escola.

**Filho(a):** — Eu não consigo fazer isso!

**Pai ou mãe:** — Mas o quê? Ai, por que será que você sempre faz isso quando estou com pressa? Pelo menos desta vez você poderia, por favor, fazer o que estou dizendo, sem discutir?

**Filho(a):** — Eu não sei o que fazer!

**Pai ou mãe:** — Faça o que eu disse! Pronto! E não me encha a paciência hoje!

**Filho(a):** BUM!

É possível ajudar as crianças explosivas a mudar seu padrão cognitivo mais eficazmente? Com certeza. Mas não com ameaças e conseqüências.

A organização e o planejamento são também fundamentais para que a criança possa avaliar cuidadosamente as opções sugeridas por outra pessoa para que lide com problemas ou frustrações. As crianças que são TDA/H, por exemplo, são sabidamente desorganizadas (têm dificuldade de pegar na escola o material apropriado para fazer as lições de casa), são distraídas e demoram a se aprontar para a escola de manhã, além de serem impulsivas (atrapalham a aula dando respostas sem serem solicitadas, têm dificuldade para esperar sua vez, interrompem os outros e são intrusas). No entanto, a desorganização e a falta de planejamento adequado também explicam a dificuldade que inúmeras crianças têm de responder eficazmente aos problemas e frustrações da vida. Qual a principal atividade que o cérebro deve realizar quando estamos diante de uma frustração? Em primeiro lugar, resolver o problema que nos frustra. Isso significa que a resolução de problemas exige muita organização e planejamento. Precisamos, antes de tudo, identificar o problema que estamos tentando resolver (é muito difícil solucionar um problema, se não sabemos de que problema se trata); em seguida, considerar uma série de possíveis soluções; e, por fim, prever as prováveis conseqüências dessas soluções para, desse modo, determinarmos que atitude tomar.

Inúmeras crianças têm o pensamento tão desorganizado que não são capazes de identificar por que estão se sentindo frustradas em um determinado momento. Muitas são tão desorganizadas que só conseguem imaginar uma única solução para um dado problema. E várias são tão impulsivas que, mesmo que consigam imaginar mais de uma solução, agem instantaneamente à primeira coisa que lhes vem à cabeça. Que problema há nisso? A primeira solução em geral é a pior solução. As melhores soluções exigem organização e controle dos impulsos. Dessa forma, há muitas crianças por aí famosas por 'começarem com o pé errado'. Várias dessas crianças desorganizadas e impulsivas apresentam um padrão denominado negatividade reflexiva, que nada mais é que a tendência de uma criança em dizer "Não!" instantaneamente toda vez que ocorre uma mudança de plano ou lhe é feito um pedido ou lhe é sugerida uma nova idéia.

É possível ajudar as crianças explosivas a lidar com os problemas de uma maneira mais organizada e menos impulsiva para que, desse modo, tenham acessos de raiva menos freqüentes? Evidentemente. Porém, não com adesivos (stickers) ou castigos.

Pensar com clareza e resolver problemas é muito mais fácil quando a pessoa é capaz de separar ou afastar-se das emoções decorrentes de uma frustração, uma habilidade de execução às vezes chamada de separação dos sentimentos. Embora as emoções sejam úteis para mobilizar ou estimular as pessoas a resolverem um problema, os problemas são resolvidos com a reflexão. A habilidade de separar os sentimentos permite que as pessoas 'ponham de lado' suas emoções e consigam imaginar soluções para um problema de um modo mais objetivo, racional e lógico. As crianças que têm facilidade para separar as emoções enquanto pensam tendem a reagir aos problemas ou às frustrações de uma maneira mais racional do que emocional, e isso é bom. No entanto, as crianças que não têm essa habilidade tendem a reagir a problemas e frustrações mais emocional do que racionalmente, e isso não é tão bom. Elas na verdade podem sentir 'o sangue ferver', mas em geral só são capazes de estancar o fluxo emocional muito tempo depois, quando as emoções já estão amainadas e a capacidade de pensar racionalmente é reavida. Elas podem até mesmo saber lidar bem com os problemas (em circunstâncias mais tranqüilas, conseguem de fato demonstrar essa habilidade), mas quando estão frustradas, seu arrebatamento emocional impede que acessem e usem as informações de que dispõem. Essas crianças não são inflexíveis propositadamente; na realidade, elas são dominadas pelas emoções decorrentes de frustrações e só conseguem pensar racionalmente quando se acalmam. Você sabe muito bem como isso ocorre:

> **Pai ou mãe:** — Já está na hora de parar de jogar videogame e ir para a cama.
>
> **Filho(a), respondendo mais emocional do que racionalmente:** — Droga! Estou bem no meio de uma etapa importante!
>
> **Pai ou mãe, talvez também respondendo mais emocional do que racionalmente:** — Você sempre está no meio de uma etapa importante. Vá para a cama, *agora!*
>
> **Filho(a):** — Merda! Você estragou tudo!
>
> **Pai ou mãe:** Ah, é? Chega! Vai logo antes que eu estrague com mais coisa ainda!
>
> **Filho(a):** BUM!

Como podemos ver nesse diálogo, se, ao responder a uma criança que está tendo dificuldade de separar os sentimentos, você impuser sua vontade com maior veemência e 'ensinar a ela quem manda', provavelmente não vai ajudá-la a controlar suas emoções e a pensar de modo racional no meio de uma frustração. Na verdade, ocorrerá o contrário. Portanto, normalmente dizemos às crianças explosivas e a seus pais e professores que existem apenas dois objetivos. Objetivo número dois: *pensar com clareza no meio de uma frustração.* Objetivo número um: *manter-se suficientemente calmo para alcançar o segundo objetivo.*

## HABILIDADES DE PROCESSAMENTO DA LINGUAGEM

Até que ponto o atraso no desenvolvimento das habilidades de processamento da linguagem podem provocar uma deficiência de aprendizagem na criança no que diz respeito à flexibilidade e tolerância a frustrações? A maior parte dos raciocínios e dos processos de comunicação dos seres humanos com certeza requer um sistema de linguagem (uma língua). Na verdade, é o sistema de linguagem que distingue os seres humanos das outras espécies. Por exemplo, os cães não usam um sistema de linguagem. Portanto, se você pisar no rabo de um cachorro, ele poderá reagir de três formas: latir para você, mordê-lo ou se esquivar. Contudo, se você metaforicamente pisasse no rabo de um ser humano cujo sistema de linguagem estivesse comprometido, ele teria do mesmo modo apenas três opções de reação: latir, morder ou se esquivar. Nesse sentido, o uso de uma linguagem ofensiva poderia representar nada mais nada menos que o 'ladro' humano. É isso que nós, seres humanos, fazemos quando não conseguimos pensar de uma maneira mais articulada para nos expressarmos.

Vários teóricos proeminentes já se deram conta de quanto as habilidades de linguagem são fundamentais para nos ajudar a refletir, auto-regular, estabelecer metas e controlar nossas emoções. Examinemos o papel de três habilidades de linguagem específicas — *categorização e expressão das emoções, identificação e articulação das próprias necessidades e resolução de problemas* — para elucidarmos por que elas são tão essenciais.

Inúmeras crianças explosivas não dispõem de um vocabulário básico para categorizar e expressar suas emoções. Esse problema é sério, pois de fato é extremamente benéfico conseguir dizer às pessoas que estamos 'frustrados' quando nos sentimos assim. Você consegue se imaginar sentindo todas as sensações próprias de uma frustração — enrubescimento facial, agitação, tensão, explosão e assim por diante — e não ser capaz de dizer às pessoas o que você está sentindo? Nessas circunstâncias, há uma probabilidade considerável de que lhe venham à boca outras palavras, mas não o adjetivo 'frustrado'. ("Vá se ferrar", "Eu te odeio", "Cale a boca" e "Me deixe em paz" são algumas das possibilidades mais amenas.) Pior ainda, se você não tiver a palavra 'frustrado' em seu vocabulário, a probabilidade de que as pessoas imaginem outra coisa de você é bastante grande ('irritado', 'hostil', 'descontrolado', 'ameaçador'). Desse modo, elas vão tratá-lo como se fosse irritado, hostil, descontrolado ou ameaçador, e você ficará ainda mais frustrado.

Algumas crianças conseguem categorizar e qualificar seus sentimentos perfeitamente bem. Contudo, não são capazes de encontrar palavras para dizer a você o que está ocorrendo ou de que estão precisando. Por exemplo, a maioria das crianças de 18 meses de idade ainda não dispõe da habilidade para nos dizer por meio de palavras qual é sua necessidade. Assim sendo, quando necessitam de algo, apontam, resmungam, choram, ou balbuciam. Nós, então, tentamos descobrir o que elas estão tentando 'dizer'. Estou com fome? Minha fralda está molhada? Você pode brincar comigo agora? Estou cansado! Há, porém, inúmeras outras crianças mais velhas (e adultos) cuja capacidade para dizer às pessoas o que está ocorrendo com elas ou do que estão precisando não é significativamente superior à média de crianças de 18 meses. Isso é frustrante!

Concluindo, o sistema de linguagem é o mecanismo por meio do qual a maioria das pessoas resolve problemas. Esse é o motivo por que grande parte (se não a maior parte) do que pensamos quando estamos resolvendo problemas se dá na forma de linguagem. E também por que a maioria das soluções que armazenamos no cérebro (dos problemas que resolvemos ou que vimos ser resolvidos previamente) se dá do mesmo modo na forma de linguagem. (Nós, seres humanos, não somos tão criativos quanto imaginamos no departamento de resolução de problemas: nós nos fundamentamos quase exclusivamente em experiências passadas para conseguirmos resolver problemas no presente.) Por exemplo, se você acha que o pneu de seu carro furou, não precisa queimar os miolos tentando encontrar uma idéia original para resolver o problema. Basta relembrar como você (ou as pessoas que você observou) solucionou esse problema em uma ocasião anterior. Não há tantas possibilidades assim. Você poderia trocar o pneu, pedir a alguém da família para trocar, pedir a ajuda de outra pessoa, pedir a um borracheiro, xingar, chorar ou abandonar o carro ali (algumas dessas soluções seriam mais eficazes do que outras para resolver esse problema). O processo de acessar soluções anteriores tende a ser automático e eficiente para muitas crianças. Contudo, as crianças que sofrem algum atraso no desenvolvimento das habilidades de linguagem podem encontrar dificuldade para acessar de maneira eficaz soluções passadas que estão armazenadas na linguagem. Veja o caso de George como exemplo:

## Vias e desencadeadores

**Terapeuta:** — George, fiquei sabendo que dias atrás você ficou extremamente frustrado no jogo de futebol.

**George:** — Sim.

**Terapeuta:** — O que aconteceu?

**George:** — O treinador me tirou do jogo, mas eu não queria sair.

**Terapeuta:** — Parece que você disse a ele que estava com muita raiva.

**George:** — Sim.

**Terapeuta:** — Imagino que provavelmente lhe fez muito bem ter dito isso a ele. Qual foi sua atitude depois disso?

**George:** — Como ele não ia me chamar de volta, então dei um pontapé nele.

**Terapeuta:** — Você deu um pontapé no treinador?

**George:** — Sim.

**Terapeuta:** — O que aconteceu em seguida?

**George:** — Ele me tirou do time.

**Terapeuta:** — Fico triste em saber disso.

**George:** — Mas eu não o chutei com tanta força assim!

**Terapeuta:** — Acho que a força com que você o chutou não foi tão importante. O que na verdade gostaria de saber é se antes de chutar o treinador por ter ficado furioso você pensou em ter alguma outra atitude que não essa.

**George:** — Hum, não... Não pensei em outra coisa, não, naquele momento.

**Terapeuta:** — Você seria capaz de pensar agora em outra atitude que poderia ter tido?

**George:** — Eu poderia ter perguntado a ele quando ele me chamaria de volta.

**Terapeuta:** — Isso com certeza teria sido melhor do que um chute, não é mesmo?

**George:** — É, sim.

**Terapeuta:** — E por que você não conseguiu pensar em algo diferente de chutar, quando estava no jogo de futebol?

**George:** — Eu não sei.

É possível ensinar as crianças a usar um vocabulário básico de sentimentos? A articular suas necessidades e frustrações mais eficazmente? A acessar mais prontamente as soluções mais adaptativas armazenadas no cérebro? Sim, com certeza, mas não com um programa de recompensas e punições.

## Habilidades de regulação emocional

As crianças, em sua maioria — assim como nós —, em alguns momentos ficam um tanto quanto irritadiças, agitadas, mal-humoradas, imprevisíveis e intolerantes e se esgotam. Nessas circunstâncias, as crianças (assim como nós) tendem a ser menos flexíveis e a se frustrar com maior facilidade. Se tiverem sorte, esse humor irritadiço passará relativamente rápido e elas em pouco tempo voltarão a seu padrão de felicidade relativa. No entanto, algumas crianças sofrem alterações de humor e ficam irritadas, agitadas, indispostas e esgotadas numa freqüência bem maior do que outras e experimentam esses sentimentos de uma maneira muito mais intensa. A capacidade dessas crianças de serem flexíveis e tolerantes a frustrações fica comprometida também com maior freqüência. Em vista disso, elas podem não conseguir adquirir habilidades de desenvolvimento apropriadas para lidar com situações que exigem flexibilidade e tolerância a frustrações.

Essas crianças sofrem de depressão? Alguns profissionais da área de saúde utilizam o termo *depressão* no caso de crianças habitualmente melancólicas, mal-humoradas, tristes e desanimadas, o que na realidade tende a não ser o caso de inúmeras crianças impacientes e explosivas. Essas crianças sofrem de transtorno bipolar? Nos últimos cinco anos ou coisa que o valha, alguns profissionais da área de saúde desenvolveram a preocupante tendência de equiparar o 'explosivo' ao 'bipolar', de interpretar a irritabilidade como uma questão puramente biológica e de acreditar que uma resposta inadequada a medicamentos estimulantes ou a antidepressivos atesta que uma criança é bipolar. Isso provavelmente ajuda a explicar tanto as crescentes taxas de diagnóstico de transtorno bipolar em crianças e a popularidade dos medicamentos de estabilização do humor e de medicamentos antipsicóticos atípicos.

## Vias e desencadeadores

Como você já sabe, inúmeros fatores concorrem para que uma criança se torne explosiva; a irritabilidade é apenas um deles. E há também vários fatores que podem concorrer para que uma criança seja impaciente; a química do cérebro é apenas um deles. Algumas crianças são nervosas e impacientes por problemas crônicos — por apresentarem fracasso escolar, por não se relacionarem bem com os colegas, por serem brigonas — que nunca foram solucionados. A medicina não resolve o fracasso escolar, o problema de relacionamento com os colegas ou a tendência de uma criança a ser brigona. Há várias crianças diagnosticadas como 'bipolares' cuja suscetibilidade para explodir tem muito mais a ver com atrasos em habilidades cognitivas e cujas dificuldades, portanto, não são tratadas de modo adequado pelos vários medicamentos de estabilização do humor que lhes foram prescritos. Se o único momento em que uma criança parece sofrer de transtorno bipolar é quando ela está frustrada, isso não se trata de transtorno bipolar; é uma deficiência de aprendizagem em relação à flexibilidade e tolerância a frustrações.

O que é evidente é que para muitas crianças essa suscetibilidade para explodir está sendo alimentada por um estado razoavelmente crônico de irritabilidade e agitação que dificulta uma reação adaptativa e racional a frustrações comuns da vida.

**Mãe:** — Mickey, por que você está tão mal-humorado? Está um dia lindo lá fora. Por que você está enfiado dentro de casa?

**Mickey (sentado com os ombros caídos, visivelmente agitado):** — Está ventando muito.

**Mãe:** — O quê? Ventando muito?

**Mickey (ainda mais agitado):** — Foi o que eu disse. Está surda? E você sabe que eu odeio vento!

**Mãe:** — Mas, Mickey, você poderia jogar basquete lá fora, andar de bicicleta... Não é possível que um ventinho desse possa perturbá-lo tanto!

**Mickey (muito agitado):** — Droga! Está ventando muito, sim! Me deixa em paz!

A ansiedade também se encaixa na categoria das 'habilidades de regulação emocional' porque, de maneira semelhante à irritabilidade, a ansiedade tende a dificultar ainda mais o pensamento racional.

É óbvio que é justamente nos momentos em que estamos ansiosos em relação a alguma coisa — um monstro debaixo da cama, uma prova no dia seguinte, uma situação nova ou imprevisível — que a clareza de pensamento se faz mais essencial. Essa combinação — ansiedade e irritabilidade — faz com que algumas crianças (as que têm sorte) chorem. Contudo, um número substancial (as que não têm sorte) explode. (As crianças que choram são felizardas porque nós, adultos, somos mais propensos a levar as coisas para o lado pessoal e a reagir de uma forma bem mais empática a crianças que choram do que a crianças que explodem, embora esses dois comportamentos em geral tenham a mesma origem.) Além disso, parece não haver dúvida quanto ao fato de várias crianças obsessivas-compulsivas começarem a ritualizar porque os rituais são a única solução que encontram para diminuir sua ansiedade quando não conseguem pensar racionalmente.

Vou me usar como exemplo. Eu costumava ter ansiedade de voar... Isto é, tinha medo de voar. Não era minha intenção ficar ansioso (mãos suadas, pulsação acelerada e pensamentos catastróficos) para que os comissários de bordo voltassem toda a atenção para mim. Na verdade, ficava realmente com medo quando me via a oito mil metros do chão e a uns oitocentos quilômetros por hora em um aparelho de alumínio movido a gasolina e a minha vida nas mãos de pessoas (os pilotos e os controladores de tráfego aéreo) que não conhecia. Para controlar essa ansiedade, costumava utilizar alguns rituais importantes para que pudesse me manter ileso durante o vôo: tinha de me sentar na poltrona da janela (para ficar atento caso outra aeronave se aproximasse) e recapitular as instruções de emergência antes de o avião decolar. Sabia que esses rituais funcionavam porque todos os vôos em que estivera me haviam levado com segurança ao meu destino.

Por acaso esses rituais algumas vezes me fizeram comportar de maneira estranha? Em um dos vôos, quando o avião sobrevoava o mar a mais ou menos dez mil metros de altura, eu, vigilante como sempre, fiquei com os olhos estatelados no horizonte para me precaver de alguma aeronave que porventura viesse de encontro à nossa. Daí, o que até então era improvável ocorreu: entrevi uma aeronave bem longe no horizonte subindo em direção ao avião em que eu estava. De acordo com minhas espertas avaliações, em mais ou menos

## Vias e desencadeadores

cinco minutos os dois aviões se cruzariam e minha vida estava, portanto, fadada a um fim abrupto e cáustico. Dessa forma, agi como qualquer ser humano ansioso ao extremo e cada vez mais insensato agiria: toquei a campainha para chamar a comissária de bordo. Não havia tempo a perder.

— Você está vendo aquele avião lá embaixo? — , perguntei às pressas, espirrando saliva e apontando em direção a um pontinho minúsculo ainda a vários quilômetros de distância. Ela examinou pela janela. — Será que o comandante está vendo aquela aeronave? — , perguntei novamente. A comissária tentou disfarçar seu riso (ou espanto, não consegui saber ao certo) e disse: — Fique tranqüilo que vou avisá-lo.

Fiquei extremamente aliviado, embora convencido de que tanto a comissária quanto os passageiros que estavam sentados perto de mim (que nesse momento começaram a procurar poltronas vazias no avião para mudar de lugar) não haviam valorizado tanto assim esse meu ato de heroísmo. O avião obviamente aterrissou com segurança. Quando estava saindo, a comissária e o piloto, que estavam aguardando os passageiros à porta do avião, deixaram transparecer certo sorriso no momento em que me aproximei. A comissária puxou com força a manga da camisa do piloto e me apresentou: — Comandante, este é o senhor que o estava ajudando a pilotar o avião.

Tenho orgulho de dizer que embora, ainda hoje, normalmente prefira as poltronas da janela, não costumo mais examinar o céu para ver se há alguma aeronave na direção oposta nem recapitular o manual de emergência (e sobrevivi a centenas de vôos em que não fiz nem uma coisa nem outra). Como consegui superar minha ansiedade de voar? Experiência. E pensando (com clareza). Um piloto da *Air Florida* me ajudou a catalisar esse processo. Ao embarcar em um vôo dessa companhia, o comandante estava saudando os passageiros à porta do avião. Aproveitei a oportunidade.

— O senhor vai pilotar com cuidado este avião, não vai? — , perguntei, tropeçando nas palavras. A resposta do piloto me ajudou mais do que ele pôde imaginar: — O quê? Você acha que eu quero morrer, amigo?.

O fato de o piloto não estar muito interessado em morrer foi uma revelação fundamental e me fez parar para pensar sobre os milhares de aviões no ar cruzando o mundo de ponta a ponta, a qualquer hora do dia e da noite, e a probabilidade mínima de algo desastroso acontecer justamente ao avião em que eu estava. Também a respeito dos milhões de vôos que chegam a seu destino perfeitamente bem todos os anos. Sobre as inúmeras vezes em que voei e cheguei vivo. Sobre como os comissários de bordo parecem calmos. E sobre quantos dos passageiros no mesmo vôo que eu conseguem adormecer rapidamente, mesmo quando há turbulência. Sem intenção nenhuma, esse piloto da *Air Florida* me fez pensar de uma nova maneira, o que me ajudou muito nas circunstâncias em que tendia a ficar extremamente insensato. Em vez de ficar com os olhos fixos na janela, pensando "O que aconteceria se as asas do avião caíssem?", poderia ter um pensamento que incitasse menos minha ansiedade, como: "O piloto não deseja morrer" ou "A probabilidade de algo catastrófico acontecer a este avião é com certeza mínima". Como você terá oportunidade de perceber, uma das coisas mais valiosas que podemos fazer para uma criança explosiva é ajudá-la a manter a sensatez em momentos em que ela tem propensão a se desestabilizar.

É possível ajudar crianças irritáveis e ansiosas a resolver problemas de uma forma mais adaptativa e, ao mesmo tempo, diminuir sua irritabilidade e ansiedade? Certamente. Mas não se matando para imaginar formas inéditas e criativas para puni-las.

## HABILIDADES DE FLEXIBILIDADE COGNITIVA

As crianças muito novas tendem a pensar de modo razoavelmente rígido, extremista, inflexível e ao pé da letra. Isso ocorre porque ainda estão tentando compreender o mundo e porque é mais fácil tirar uma conclusão dos fatos quando não precisamos nos preocupar com exceções a regras ou formas alternativas de ver as coisas. À medida que as crianças crescem, elas aprendem que, na verdade, as coisas na vida são em sua maioria 'relativas': existem *exceções* à regra e caminhos alternativos para interpretarmos as coisas. Não usamos todas as vezes o mesmo trajeto para irmos da casa da vovó para casa; não jantamos no mesmo horário todos os dias; e o clima nem sempre coopera com os nossos planos. Lamentavelmente, no caso de algumas crianças, o pensamento relativista não se desenvolve tão facilmente quanto desejamos. Conquanto elas em geral sejam diagnosticadas com doenças do tipo deficiência de aprendizagem não-verbal ou transtorno de Asperger, é mais adequado considerar essas crianças como 'pessoas que pensam de modo extremo e ficam paralisadas em um mundo relativo/abstrato'. Elas normalmente sentem séria dificuldade para lidar com o mundo de uma forma flexível e adaptável e se frustram em demasia quando as coisas não ocorrem do jeito que elas a princípio imaginaram.

Para sermos mais específicos, essas crianças na maioria das vezes têm forte predileção pela previsibilidade e pela rotina e movem-se com grande esforço em circunstâncias imprevisíveis, incertas e ambíguas. Esse é o tipo de criança que encontra dificuldade quando precisa se adaptar ou reajustar suas expectativas, tende a se prender a fatos e detalhes e freqüentemente não reconhece com facilidade o óbvio ou 'não consegue enxergar as situações como um todo'. Na realidade, esse é o tipo de criança que tende a insistir em sair para o recreio em um determinado horário, num dia em particular, porque esse é o horário em que os alunos 'sempre saem para o recreio', deixando de considerar as prováveis conseqüências de sua insistência no plano de ação original (por exemplo, ficar sozinha na hora do recreio) e situações importantes (uma reunião, talvez) que pudessem sugerir uma adaptação nesse plano. Essas crianças podem se frustrar enormemente ao tentar a todo custo aplicar regras concretas em um mundo em que poucas regras do tipo são aplicadas:

**Filho(a) (no carro):** — Papai, este não é o caminho que a gente sempre usa para ir para casa.

**Pai (dirigindo):** — Ah, quis fazer um caminho diferente hoje, só para mudar um pouco.

**Filho(a):** — Mas este não é o caminho certo!

**Pai:** — Eu sei que este não é o trajeto que normalmente pegamos, mas podemos até chegar mais rápido por aqui, sabia?

**Filho(a):** — Não interessa. Não podemos fazer este caminho! Não é o mesmo! E eu não conheço nenhuma dessas ruas!

**Pai:** — Ora, não é tão grave assim fazer um caminho diferente de vez em quando e...
**Filho(a):** BUM!

Se por acaso nesse momento estiver conjecturando sobre se Jennifer (a protagonista do episódio do *waffle*, no Capítulo 1) poderia ser classificada como uma criança com pensamento extremista paralisada em um mundo relativo, você está correto. Seria possível ajudar tantas crianças como Jennifer que existem por aí a lidar com o mundo mais flexivelmente? Pode apostar que sim. Mas não se os adultos ao seu redor forem igualmente inflexíveis.

## Habilidades sociais

Poucas atividades humanas exigem tanto pensamento complexo, processamento rápido e flexibilidade do que as interações sociais. Alguns pesquisadores conseguiram delinear um conjunto de habilidades específicas — conhecido como habilidades de processamento de informações sociais — que influenciam praticamente todas as interações sociais. Uma breve recapitulação dessas habilidades de pensamento poderá ajudá-lo a compreender precisamente o que são interações sociais frustrantes, em especial no caso de crianças que têm dificuldade nesse aspecto, e até que ponto o retardamento do desenvolvimento de habilidades sociais pode desencadear acessos de raiva.

Suponhamos que um garoto estivesse no corredor da escola e um colega se aproximasse e, com um enorme sorriso na face, desse um forte tapa nas costas no menino, dizendo em seguida: "Oi!". O menino que recebeu o tapa nas costas tem agora uma fração de segundo para prestar atenção e ter a sensibilidade para perceber as principais características dos indícios sociais dessa situação ("Quem acabou de me dar um tapa nas costas? Com exceção do riso em seu rosto, há alguma outra coisa em sua postura ou expressão facial ou neste contexto que me permitam identificar ao certo se esse sorriso e esse tapa foram na verdade afetuosos ou indelicados?"). Ao mesmo tempo, ele tem de associar esses indícios com suas experiências anteriores ("Por acaso outra pessoa, e essa pessoa em particular, me deu um tapa nas costas e sorriu para mim antes?") a fim de interpretar o sinal ("Essa foi uma forma de cumprimento extremamente entusiasmada ou uma atitude agressiva?"). Depois, ele tem de pensar sobre o que deseja que ocorra em seguida ("Essa atitude foi desprezível... Gostaria de evitar uma briga com essa pessoa" ou "Esse cumprimento foi genial... Gostaria de jogar com ele"). Então, com base em sua interpretação do sinal e do que ele deseja que ocorra, o garoto precisa começar a pensar sobre como reagir, lembrando-se de suas experiências em situações semelhantes ou pensando em novas reações. A partir daí, ele tem de apreciar as diferentes reações possíveis, avaliar as prováveis conseqüências de cada reação ("Se eu devolver o sorriso, ele provavelmente vai me chamar para jogar com ele"), escolher uma reação, colocá-la em prática, acompanhar o desenrolar dos acontecimentos e ajustar essa reação adequadamente.

Parece muita ponderação para um único acontecimento, não é mesmo? O importante é que esse processo é contínuo e exige considerável eficácia e flexibilidade. As pessoas que realizam esse processo automaticamente mal o percebem. Porém, se você não faz parte desse rol de pessoas, isso pode ser extremamente frustrante.

Inúmeras crianças explosivas encontram dificuldade para prestar atenção aos indícios sociais e nuanças apropriados; não interpretam adequadamente esses indícios ("Ele me odeia", "Todo mundo me persegue"; "Ninguém gosta de mim"); não conseguem associar bem os indícios com experiências passadas; talvez não sejam muito eficientes para avaliar de que modo elas desejam que uma interação social se desencadeie; talvez tenham um repertório limitado de reações e acabem utilizando reações idênticas (risos afetados e tolos, empurrões, cutucões, intrusões) em situações nas quais essas reações são inapropriadas; podem ter pouquíssima habilidade para perceber como as pessoas estão interpretando o que elas fazem ou falam ou de avaliar até que ponto seus comportamentos estão afetando outras pessoas; e podem não ter habilidade para lidar com as interações sociais mais básicas (iniciar uma conversa, ingressar em um grupo, compartilhar). Essas crianças — que sofrem do que Daniel Goleman chamou de *analfabetismo emocional* — são propensas a considerar as interações sociais extremamente frustrantes. Isso, no mínimo, pode aumentar o nível de frustração geral da criança; e no pior dos casos, pode desencadear um padrão crônico de acessos de raiva.

É possível ajudar essas crianças a desenvolver habilidades sociais mais adaptativas? Normalmente, sim. Leva um tempo. Porém, apenas se os adultos reconhecerem que tentar a todo custo motivar uma criança que já está motivada a se sair bem não seria a melhor maneira de começar a ensinar as habilidades sociais que faltam a essa criança.

Caso você esteja se perguntando, vale ressaltar que as crianças em geral apresentam deficiência em habilidades que estão ligadas a inúmeras vias. Talvez a questão mais importante que as vias possam nos ajudar a compreender é que a flexibilidade e a tolerância a frustrações não são habilidades que se desenvolvem naturalmente em todas as crianças. Tendemos a imaginar que todas as crianças nascem com as mesmas capacidades, e essa tendência faz com que vários adultos acreditem que as crianças explosivas talvez não *queiram* ser condescendentes nem lidar com frustrações adaptativamente. Como você sabe, na maioria dos casos, isso simplesmente não é verdade.

Por falar nisso, existe uma sensível diferença entre interpretar as vias descritas neste capítulo como 'desculpas' ou 'pretextos' e interpretá-las como 'explicações'. Quando as vias são utilizadas como desculpas, colocamos um ponto final no processo e não conseguimos mais imaginar soluções para ajudar uma criança. Contrariamente, quando são utilizadas como explicações para o comportamento de uma criança, as possibilidades se abrem completamente, pois as vias nos permitem compreender melhor as necessidades da criança e nos faz perceber mais claramente o que precisamos fazer em seguida. É muito difícil ajudar uma criança sem compreender de maneira abrangente e aprofundada suas necessidades.

## Desencadeadores

Antes de finalizar este capítulo, examinaremos outra palavra do jargão: os *desencadeadores*.

O que é um desencadeador? Uma situação ou um acontecimento que normalmente acelera os surtos de raiva. Podemos ter uma idéia melhor de um desencadeador imaginando-o como *um problema que ainda precisa ser resolvido*. As possibilidades são infinitas, mas apresentamos aqui uma lista resumida: dever de casa, hipersensibilidade

## Vias e desencadeadores

sensorial, tiques, interações com os irmãos, hora de dormir, acordar de manhã, refeições, ficar entediado, passear de carro, recreio, ser caçoado, ler, escrever, ficar cansado, sentir calor ou ficar com fome.

Assim sendo, são as vias que facultam a explosividade de uma criança (habilidades que necessitam ser treinadas); já os desencadeadores são as situações ou os acontecimentos em que a criança de fato explode. Ajude a criança a desenvolver as habilidades de pensamento e de resolução de problemas e não haverá mais acessos de raiva.

Assim que identificar as vias e os desencadeadores em seu filho, poderá prever esses acessos de raiva com enorme facilidade. Muitas famílias acreditam que os acessos de raiva do filho são imprevisíveis e ocorrem inesperadamente, mas essa teoria é raramente comprovada. Por motivos que ficarão mais evidentes no Capítulo 6, é muito mais fácil lidar com os acessos previsíveis do que com os imprevisíveis.

# Capítulo 4
# Despertando as vias e os desencadeadores

Como você já deve saber — na medida em que uma única criança pode estar sujeita à ação de diferentes vias e diferentes desencadeadores —, a inflexibilidade e a falta de tolerância a frustrações podem se configurar de uma maneira peculiar em cada uma delas. Desse modo, para que os traços característicos que lhe foram apresentados comecem a ser despertados, vale a pena saber como eles se configuram em outras crianças. Com certeza você notará similaridades entre as crianças descritas neste capítulo e a criança explosiva sob seus cuidados, esteja você no papel de pai, mãe ou professor. Essas crianças e suas famílias são revisitadas de uma forma ou de outra no decorrer deste livro.

## Paul

Paul era um garoto de 6 anos que vivia com os pais e uma irmã mais nova. Segundo os pais, Paul era extremamente hiperativo em casa, tinha dificuldade de brincar sozinho (mas também não se saía bem quando brincava com outras crianças) e não convivia com as transições sem problemas (fazê-lo entrar em casa quando estava brincando na rua era em geral uma verdadeira provação). Ainda de acordo com os pais, Paul parecia ser bastante inteligente, visto que sua memória para informações fatuais era excelente, mas ficava ansioso quando precisava lidar com novos afazeres ou situações e com freqüência mostrava-se irritado e agitado. Os pais já haviam lido muita coisa sobre TDA/H; embora acreditassem que esse diagnóstico cabia bem ao caso de Paul, percebiam que várias de suas dificuldades não se encaixavam nessa categoria de transtorno. Para eles, o termo *control freak*[1] era mais adequado ao filho do que qualquer outro diagnóstico. Paul era muito controlado e rígido em relação às roupas que estava disposto a usar e à comida que pretendia comer (reclamava com freqüência que determinados tecidos o irritavam e que comidas comuns tinham um 'cheiro esquisito'). Paul já apresentava a maioria dessas características quando começou a engatinhar.

Seus pais já haviam consultado um psicólogo, que os ajudou a estabelecer um programa de recompensas e punições. Vigilantes, os pais então implementaram o programa, mas acabaram descobrindo que a hiperatividade, inflexibilidade e irritabilidade de Paul eram mais fortes que seu evidente desejo de obter recompensas e evitar punições. Na verdade, o programa parecia frustrá-lo ainda mais. Entretanto, o psicólogo estimulou os pais a prosseguir, convicto de que o comportamento de Paul melhoraria. Mas não melhorou. Os pais, dessa forma, descontinuaram o programa mais ou menos três meses depois. Eles sempre tentavam conversar com Paul sobre seu comportamento. Porém, mesmo quando ele estava de bom humor, sua capacidade de ponderar sobre seu próprio comportamento parecia limitada; alguns segundos depois ele já começava a gritar "Eu não consigo falar sobre isso agora!" e saía correndo da sala.

Paul tinha dificuldades na escola também. De acordo com uma professora sua, da primeira série, de vez em quando Paul costumava berrar com as outras crianças durante atividades menos estruturadas, particularmente quando não conseguia fazer as coisas que queria. Do mesmo modo que os pais, a professora de Paul ficava impressionada com seu conhecimento fatual, mas se preocupava com a sua falta de habilidade para resolver problemas. Quando as aulas exigiam a rememorização de informações decoradas, Paul era o astro da sala. Quando as aulas exigiam a aplicação dessas informações a situações mais abstratas, complexas e da vida real, suas respostas eram desor-

---

[1] N. da T.: *Control freak* é a pessoa que se preocupa em demasia em controlar todos os detalhes em todas as situações que vivencia.

ganizadas e imprecisas. Quando ficava frustrado em decorrência de uma determinada situação ou tarefa na sala de aula, dizia gritando "Eu não consigo fazer isso!" e ficava extremamente agitado ou começava a chorar; às vezes, costumava sair correndo da sala. Em várias ocasiões, saía correndo da escola, o que causava enorme preocupação quanto à sua segurança. Em algumas circunstâncias, ele recobrava rapidamente a serenidade; em outras, só depois de vinte a trinta minutos é que se acalmava. Mais tarde, Paul sentia remorso ("Perdão por eu ter saído correndo da sala... Eu sei que não deveria fazer isso") ou tinha dificuldade de se lembrar totalmente do episódio.

Segundo sua professora, em geral ela conseguia prever, no momento em que Paul entrava na sala de manhã, se ele teria ou não um dia difícil. Contudo, ela observou também que Paul era capaz de se descontrolar completamente mesmo quando dava a entender que seu dia seria tranqüilo. A preocupação da professora com os relacionamentos de Paul com as outras crianças era crescente; ele dava a impressão de não ser capaz de avaliar o impacto de suas atitudes sobre os outros e de usar o *feedback* que recebia de outros para ajustar seu comportamento.

Na primeira sessão de Paul com um novo terapeuta, ele estava extremamente hiperativo e parecia indisposto ou incapacitado a falar dos principais problemas em relação aos quais provavelmente precisava de ajuda. Ele saltava de um brinquedo para outro no consultório do terapeuta. Quando seus pais entraram na sala para participar da sessão, ele ficou sossegado apenas durante o tempo necessário para ouvir a explicação de que havia sido levado a outro terapeuta porque às vezes ele ficava perturbado quando as coisas não saíam exatamente como ele imaginava. Ele concordou que isso às vezes era de fato um problema. Quando os pais tentaram convencê-lo a falar sobre esse problema, escondeu o rosto no ombro da mãe; quando eles insistiram, Paul logo avisou: "Eu não consigo falar sobre isso agora!". Quando tentaram insistir mais um pouco, ele enrubesceu, ficou agitado e saiu correndo do consultório.

— Ele costuma ter essa mesma atitude com freqüência? — perguntou o terapeuta aos pais.

— Não, em casa ele teria ficado muito mais frustrado — respondeu a mãe. — Normalmente, ele não chega a bater em nós, embora já tenha batido em crianças na escola, mas ele se descontrola completamente... fica vermelho, grita ou chora e berra "Eu te odeio!".

— Como você sabe, em alguns aspectos, sair correndo da sala de aula é adaptativo — comentou o terapeuta.

— Como assim? — perguntou o pai, um pouco surpreso.

— Bem, com base no que vocês me disseram, parece não haver dúvida de que ele tem muita dificuldade de pensar e falar sobre seu comportamento e de tolerar a frustração que sente quando pedimos que ele faça isso — disse o terapeuta. — Embora seja nosso desejo que ele 'use as próprias palavras' para discutir seus problemas conosco, o fato de ele sair correndo da sala provavelmente evita que ele tenha outras atitudes, que poderiam ser bem piores, como falar palavrões, lançar objetos, intimidar fisicamente quem está ao redor.

— Nós conseguimos conviver com inúmeros comportamentos de Paul — disse a mãe. — Mas seus acessos de raiva... e a forma como ele perturba toda a família... e nossa preocupação com o que vai acontecer a ele se não o ajudarmos... tudo isso de fato nos aflige.

Quais eram as vias de Paul? A essa altura, parece razoável supor que a dificuldade de mudar seu padrão cognitivo (habilidades de execução), sua irritabilidade (regulação emocional), seu desconforto em relação a novas tarefas ou situações (flexibilidade cognitiva) e possivelmente suas dificuldades sociais são os fatores que facultavam seus acessos de raiva. Contudo, naquele momento ainda não estava claro se a dificuldade de Paul para falar sobre seus problemas refletia um atraso nas habilidades de processamento da linguagem. Em relação aos desencadeadores, sua hipersensibilidade sensorial com certeza parecia estar causando algum efeito.

Assim sendo, a meta inicial era saber com maior precisão quais eram as vias de Paul (assim como identificar as habilidades que ele precisava aprender) e desenvolver uma lista abrangente dos desencadeadores (a fim de identificar os problemas específicos cuja resolução era indispensável). Ainda não havia sido definido se seria necessário utilizar medicamentos para reduzir sua hiperatividade, impulsividade e irritabilidade.

*Despertando as vias e os desencadeadores*

# Helen

Helen e seus pais procuraram ajuda pela primeira vez para resolver seus acessos de raiva quando ela tinha 7 anos de idade. Helen era considerada uma garota agradável, sensível, criativa, ativa e sociável. Seus pais também a consideravam enérgica, facilmente irritável, resistente e absolutamente detestável quando ficava frustrada. Eles notaram que a filha parecia ter muita dificuldade para mudar de uma atividade para outra e que tendia a se descontrolar por completo quando as coisas não saíam exatamente como ela havia planejado. Segundo os pais, os fins de semana eram especialmente difíceis; embora Helen não gostasse de ir à escola, ficava entediada nos momentos que não haviam sido planejados e quase nada depois disso era possível fazer para agradá-la. O professor de piano de Helen observou que ela tendia a se frustrar com facilidade e em geral recusava-se a ensaiar novas composições musicais. De acordo com outro professor, da segunda série, Helen costumava se queixar quando eram introduzidas novas lições. Uma avaliação psicopedagógica indicou que, embora Helen tivesse uma inteligência acima da média, apresentava retardamento no desenvolvimento de habilidades da linguagem expressiva. (Se você estiver deduzindo, com base nas informações anteriores, que as vias da linguagem e da flexibilidade cognitiva talvez estejam tendo parte nisso tudo, com certeza acabou de descobrir algo importante!)

Em um de seus primeiros encontros com o terapeuta de Helen, seus pais narraram detalhadamente um de seus acessos de raiva ocorrido na semana precedente.

— Na terça-feira, Helen me disse que gostaria de comer *chili*[2] no jantar da noite seguinte — relembrou-se o pai. — Desse modo, na quarta-feira à tarde, saí do trabalho um pouco mais cedo e preparei o *chili* que ela me pedira. Quando ela chegou da natação à noitinha, parecia um pouco cansada; quando lhe disse que havia preparado o *chili* que me pedira, ela resmungou: "Eu quero macarrão com queijo". Essa atitude até certo ponto me surpreendeu, pois sabia que ela adora

---
[2] N. da T.: *Chili* é uma iguaria mexicana apimentada contendo feijão, carne e pimentões vermelhos.

*chili*. Mas também me irritou um pouco, pois havia dedicado meu tempo para lhe fazer algo gostoso. Disse-lhe então que ela teria que comer o *chili*. No entanto, ela não conseguia tirar o macarrão com queijo da cabeça. E eu continuei a insistir para que ela comesse o *chili* no jantar. Quanto mais insistia, mais ela se descontrolava. Por fim, Helen ficou completamente enfurecida. Gritava e chorava. Mas eu estava determinado a fazê-la comer o *chili* que eu havia feito para ela.

— O que você fez em seguida? — perguntou o terapeuta.

— Ordenamos que fosse para o quarto e dissemos que teria de ficar lá até que estivesse disposta a comer o *chili* — respondeu a mãe. — Ela ficou gritando e chorando durante uma hora no quarto; num determinado momento, começou a dar pancadas no espelho até quebrá-lo. Você pode imaginar? Tudo isso por causa do *chili*! Subi até seu quarto algumas vezes para ver se poderia acalmá-la, mas isso era impossível. Helen havia atingido o ápice da insensatez. O engraçado é que, num dado momento, ela não conseguia nem se lembrar do porquê estava transtornada.

— Por que era tão essencial que ela comesse o *chili* em vez de o macarrão com queijo? — perguntou o terapeuta.

— Porque eu passei muito tempo preparando algo gostoso que ela mesma pedira para comer — respondeu o pai.

— Para mim, faz sentido — disse o terapeuta —, mas você acha que o fato de terem tolerado essa explosão, isto é, terem permitido que Helen ficasse enlouquecida no quarto durante uma hora, quebrasse o espelho e arruinasse a noite de vocês, de alguma maneira diminuiu a probabilidade de ela explodir numa outra ocasião ao se frustrar com algo semelhante? — o terapeuta perguntou.

— Não — essa foi a resposta instantânea e unânime.

— Como Helen ficou depois que tudo isso terminou? — perguntou o terapeuta.

— Imensamente arrependida e extremamente carinhosa — respondeu a mãe. — É difícil saber se é melhor demonstrar reciprocidade às suas demonstrações de afeto ou guardar ressentimento por algum tempo para deixar claro que não gostamos desse tipo de comportamento.

— Bem — explicou o terapeuta — se você acha que induzir ou tolerar uma explosão vai ajudá-la a lidar melhor com uma frustração numa circunstância posterior, provavelmente guardar ressentimento também não ajudará em nada.

— Sim, mas como ela aprenderá que esse tipo de comportamento é inaceitável? — perguntou a mãe.

— Pelo que posso deduzir — disse o terapeuta —, o fato de você desaprovar esse tipo de comportamento já está bem mais sedimentado na cabeça dela... Desse modo, duvido que ela precisará de mais provas disso. Além do mais, ela parece sinceramente motivada a agradar a ambos... e parece, tanto quanto vocês, descontente com seus acessos de raiva. Portanto, acho que ela não precisa de mais motivação.

O que Helen e seus pais de fato precisavam era de um meio diferente para resolver divergências e problemas.

— Nós temos que ensinar algumas habilidades à Helen — continuou o terapeuta. — Precisamos ajudá-la a lidar melhor com a incerteza e a imprevisibilidade; parece que temos de lhe ensinar também algumas habilidades de linguagem. Gostaria ainda de identificar mais nitidamente as situações exatas que estão provocando e aumentando de modo significativo a freqüência de seus acessos de raiva. Só assim saberei identificar os problemas que precisamos resolver. Vocês poderiam me fazer um favor? Na semana que vem, façam-me uma lista de todas as situações em que Helen fica frustrada. Meu palpite é de que há sete ou oito "desencadeadores" em jogo na maioria de seus acessos de raiva. Essa lista vai me ajudar a identificar quais são.

## DANNY

Danny era um garoto da quinta série cujos pais haviam se divorciado amigavelmente quando ele tinha 7 anos e ainda compartilhavam os cuidados do filho. Danny e sua irmã mais nova ficavam com o pai e sua noiva todos os fins de semana. Para a mãe, Danny era extremamente inteligente, perfeccionista, mal-humorado, irritável e, por força do destino, frustrava-se com muita facilidade. A principal preocupação de sua mãe era com seus 'ataques de raiva', pois ocorriam várias vezes na semana desde que Danny começara a engatinhar. Nesses episódios, ele costuma abusar de palavrões e ficava fisicamente agressivo. Sua mãe se preocupava também com os efeitos desses ataques de Danny em sua irmã mais nova que, às vezes, parecia ter medo do irmão e, em outras circunstâncias, parecia sentir certo prazer em provocá-lo. Na escola, porém, Danny nunca tivera ataque algum de raiva.

Ele foi levado a inúmeros profissionais de saúde mental ao longo dos anos; assim como várias crianças explosivas, Danny acumulou uma quantidade razoavelmente grande de diagnósticos psiquiátricos, dentre os quais: transtorno desafiador de oposição, depressão e transtorno bipolar. Embora o médico da família tivesse medicado Danny com ritalina havia vários anos, ele permaneceu mal-humorado, rígido e explosivo. Posteriormente, um psiquiatra prescreveu-lhe antidepressivos, mas o medicamento tornou Danny significativamente mais agitado e hiperativo.

— Danny às vezes dá a impressão de estar extremamente bem-humorado, mas de repente — *bum!* — algo não sai muito bem da maneira como ele imaginava. Daí, ele começa a xingar e a fazer agressões físicas — relatou a mãe. — Eu não sei o que fazer. Outro dia, eu e ele estávamos no carro e eu peguei um desvio errado. De uma hora para a outra, Danny ficou demasiadamente agitado porque estava demorando mais do que deveria para chegarmos ao local a que estávamos indo. De repente, me vi recebendo pancadas de meu filho de 10 anos! E dentro do carro! Enquanto estava dirigindo! Isso é insano!

— Estou cansada de ouvir as pessoas me dizerem que esse comportamento ocorre porque estou separada. Meu ex-marido participa muito da vida de Danny. Além disso, não houve nenhuma atitude traiçoeira, como acontece em alguns divórcios. Acho que o pai de Danny se esforça consideravelmente para ser seu melhor amigo. De qualquer forma, esses ataques apareceram muito antes de começarmos a ter problemas no casamento, embora, devo admitir, ele fica muito mais explosivo quando está comigo do que quando está com o pai.

Nas conversas com seu novo terapeuta, Danny parecia verdadeiramente arrependido de ter se comportado da maneira relatada pela mãe. Segundo ele, estava tentando a todo custo não cometer agressões físicas ou verbais, mas se achava incapaz de ajudar a si mesmo. No princípio, o terapeuta achava que seus ataques se devessem principalmente à extrema irritabilidade de Danny; havia também indício de que sua forma extremista de pensar (a via da flexibilidade cognitiva) estava tendo parte em tudo isso. Nas palavras de Danny, ele explodia mais com a mãe porque ela "resmunga e reclama muito".

No início de uma das sessões, sua mãe descreveu o maior acesso de raiva de Danny ocorrido naquela semana.

— Ontem, pedi para que parasse de jogar basquete e entrasse para jantar. Ele se queixou um pouco, mas eu insisti. De repente, seu rosto ficou vermelho, ele começou a me chamar de todos os nomes imagináveis, acusando-me de arruinar

## Despertando as vias e os desencadeadores

sua vida, e eu me escondi atrás da porta para evitar que ele me desse um pontapé. Fiquei petrificada. Vinte minutos depois, ele já se sentia arrependido. Mas isso é simplesmente ridículo — disse a mãe. — Estou farta de receber pancadas, e é praticamente impossível argumentar com ele quando começa a explodir.

— O que você faz quando ele já está mais calmo? — perguntou o terapeuta.

— Eu o puno por me xingar e tentar me chutar — respondeu a mãe. — Acho que ele precisa ser punido por esse tipo de comportamento.

— Compreendo seu sentimento. Diga-me, você sempre o pune quando ele age desse modo? — perguntou o terapeuta.

— Com certeza — respondeu a mãe. — Não estou nem um pouco disposta a simplesmente deixar passar esse tipo de desrespeito.

— O que ocorre quando você o pune? — perguntou o terapeuta.

— Ele fica enlouquecido — respondeu. — É horrível.

— Mas mesmo depois que você o pune ele continua cometendo agressões verbais e físicas, não é?

— É por isso que estou aqui — disse a mãe, sorrindo com os dentes cerrados, evidentemente irônica.

— Bem — disse o terapeuta —, sou totalmente a favor da punição quando ela produz algum resultado, quer dizer, quando é eficaz para mudar o comportamento de uma criança. Mas não me entusiasmo muito em usar a punição simplesmente como um fim em si mesmo.

— O quê? Isso quer dizer que eu devo deixá-lo sair ileso em relação ao que faz? — reclamou a mãe.

— Não me entenda mal — disse o terapeuta. — Precisamos ajudá-lo a parar de explodir e de usar agressão física. Contudo, com base no que me disse, "não o deixar sair ileso" não mudou em nada seu comportamento.

— Acho que imaginei que mais dia menos dia o recado seria entendido se eu simplesmente me mantivesse firme, explicou ela, depois de ponderar sobre isso por algum tempo. — Nunca parei para pensar que possivelmente o recado jamais seria entendido.

— Ah, acho que Danny sabe que você não aprecia o comportamento dele — disse o terapeuta. — Na verdade, estou quase certo de que ele até sabe como você gostaria que ele se comportasse.

— Então, por que ele não se comporta assim? — reclamou a mãe.

— Como já estive com Danny algumas vezes, percebi que na maioria das vezes ele fica extremamente irritado. Eu sei que ele não se entusiasma muito a vir aqui, mas é esse o humor dele na maior parte do tempo, não é mesmo? — perguntou o terapeuta.

— Exatamente — respondeu a mãe. — Nós o chamamos de Rabugento. Ele parece não gostar muito dele mesmo... além de ser muito nervoso. Qualquer coisa parece incomodá-lo.

— Que tortura — disse o terapeuta. — E as implicações para todos ao seu redor são também desagradáveis.

— Concordo plenamente — suspirou a mãe. — Mas o que isso tem a ver com o fato de ele ser explosivo e irritado e tentar me machucar?

— Bem, se o consideramos rabugento e irritável, em vez de desrespeitoso e oposicional, acho que nossa maneira de lidar com ele terá de ser bem diferente — disse o terapeuta.

— Não consigo entender o que você está querendo dizer — disse a mãe.

— O que quero dizer é que as crianças rabugentas e irritáveis normalmente não precisam de mais castigos — respondeu o terapeuta. — Ainda estou para ver algum caso em que o castigo seja especialmente benéfico para ajudar uma criança a ser menos irritável e agitada.

— Continuo não entendendo por que sua irritabilidade é uma desculpa para ele ser extremamente desrespeitoso e irritado comigo — disse a mãe.

— Bem, na verdade é uma explicação, não uma desculpa ou pretexto — explicou o terapeuta. — Porém, quando as pessoas passam o dia irritadas e mal-humoradas, qualquer exigência, mudança ou inconveniência são percebidas como mais uma exigência para que despendam energia. Se pararmos para pensar, no decorrer de um dia ou de uma semana, a energia que uma pessoa precisa para lidar com essas exigências, mudanças e inconveniências começa a minguar. Em geral o acontecimento que faz com que uma pessoa irritável e mal-humorada tenha uma crise nervosa não precisa necessariamente ser o mais importante; na verdade, é o evento que teve lugar depois que ele despendeu sua última gota de energia.

— Tente se lembrar dos momentos em que ficou cansada após um longo dia de trabalho — continuou o terapeuta. — Provavelmente são nesses momentos em que você está menos adaptável e menos flexível que as coisas mais insignificantes tendem a desequilibrá-la e a deixá-la irritada. Acho que Danny fica nesse estado mental praticamente o tempo todo.

— De forma alguma vou dizer a ele que pode me bater apenas porque tem propensão a se irritar facilmente — disse a mãe.

Despertando as vias e os desencadeadores

— Veja, eu não estou dizendo que deve permitir que ele bata em você — disse o terapeuta. — Essas agressões físicas não podem continuar. Contudo, para que as agressões físicas, os palavrões e os acessos de raiva estanquem, precisamos nos concentrar em coisas que você possa fazer antes de ele explodir, não em possíveis atitudes após as explosões. E precisamos nos concentrar em todos os fatores que estão alimentando sua inflexibilidade e explosividade. Pelo que pude deduzir até aqui, ajudá-lo em relação à sua irritabilidade é a prioridade número um.

## MICHAEL

Michael foi arrastado para o consultório de mais um terapeuta para uma entrevista inicial quando ele tinha 15 anos e estava na oitava série. O terapeuta recebeu primeiro a mãe, professora de direito, e o pai, advogado praticante. Os pais de Michael informaram o terapeuta de que o filho havia sido diagnosticado com transtorno de La Tourette e transtorno bipolar, mas que estava recusando todos os medicamentos, exceto o anti-hipertensivo, que estava tomando para controlar seus tiques. Disseram-lhe também que Michael estava demasiadamente descontente por estar ali naquele dia, em seu consultório, pois não acreditava muito nos profissionais de saúde mental. Segundo os pais, Michael irritava-se com extrema facilidade (via da regulação emocional?), não tinha nenhum amigo (via das habilidades sociais?) e ficava frustrado de repente pelo pretexto ou pela provocação mais insignificante. Com exceção das vias, contudo, uma solução para compreender as dificuldades de Michael era vê-lo interagir com os pais.

De acordo com os pais, Michael, que era o filho mais novo (os outros já moravam fora de casa), era notavelmente inteligente e muito excêntrico, mas estava repetindo a oitava série porque havia enfrentado uma situação muito difícil um ano antes na escola.

— Esse é um caso clássico de desperdício de potencial — disse o pai. — Estamos desolados com o que aconteceu no ano passado.

— O que aconteceu? — perguntou o terapeuta.

— Ele simplesmente foi reprovado na escola em que prestou exame para cursar o ensino médio — disse o pai. — Eis um garoto com 140 de QI que não está se saindo bem em uma das mais bem conceituadas escolas particulares do bairro. Ele praticamente teve um esgotamento nervoso por causa disso. Tivemos de hospitalizá-lo por uma semana porque tentou cortar o pulso.

— Isso me parece bastante sério e muito assustador. Como ele está agora? — perguntou o terapeuta.

— Péssimo — respondeu a mãe. — Não tem mais nenhuma auto-estima... Perdeu totalmente a fé em si mesmo. E parece não ter mais capacidade para concluir nenhum trabalho de escola. Na nossa opinião, ele está deprimido.

— Em que escola ele vai estudar agora? — perguntou o terapeuta.

— Em uma escola estadual — respondeu a mãe. — Eles são muito simpáticos e tudo o mais, porém não acreditamos que ele vá se sentir desafiado pelas atividades escolares de lá, sendo ele tão inteligente.

— Com certeza, há mais o que se possa fazer bem em uma escola além da inteligência — disse o terapeuta. — Será que eu poderia examinar o teste que vocês fizeram?

Os pais entregaram ao terapeuta uma cópia da avaliação psicopedagógica realizada quando Michael estava na sétima série. O documento relatava discrepância de 25 pontos entre suas excepcionais habilidades verbais e a média das habilidades não-verbais, dificuldade nas tarefas suscetíveis a distrações, muita lentidão na velocidade de processamento e habilidades da linguagem escrita abaixo da média. O examinador, contudo, concluiu que Michael não tinha nenhuma dificuldade que pudesse interferir em sua aprendizagem.

— Muito interessante esse relatório — disse o terapeuta.

— Em que sentido? — perguntou o pai.

— Bem, esse relatório pode nos dar algumas pistas, como por que Michael estaria se matando para corresponder às expectativas de todo mundo na escola — disse o terapeuta.

— Eles nos disseram que ele não tinha nenhum problema de aprendizagem — disse a mãe.

— Acho que há alguma imprecisão nisso — disse o terapeuta, explicando em seguida as possíveis ramificações de alguns dos resultados da avaliação.

Ao longo da conversa, ficou claro que Michael estava de fato se esforçando em demasia principalmente em tarefas que exigiam muita redação, resolução de problemas, processamento rápido e esforço contínuo.

*Despertando as vias e os desencadeadores*

— Esses são os fatores que teremos de examinar mais de perto — completou o terapeuta.

— Claro, nem por isso ele deixa de ser extremamente inteligente — disse o pai.

— Sem dúvida, ele é extremamente inteligente em algumas áreas — disse o terapeuta. — Mas há também algumas áreas nas quais é provável que ele esteja se esforçando em demasia para mostrar quanto é inteligente. Tenho quase certeza de que, para ele, essa disparidade seja um tanto quanto frustrante.

— Sim, ele está frustrado, é isso mesmo — disse a mãe. — Todos nós estamos.

**Algum tempo depois, Michael foi convidado a entrar no consultório. Ele se recusou a permanecer sozinho com o terapeuta, de modo que os pais ficaram na sala.**

— Não agüento mais esses médicos psiquiatras e psicólogos — anunciou ele logo de cara.

— Por quê? O que aconteceu? — perguntou o terapeuta.

— Nunca nenhum deles se interessou muito por mim. Nunca nenhum deles me fez melhorar — respondeu Michael.

— Não seja grosseiro, Michael — enfatizou o pai.

— CALE A BOCA, PAI! — vociferou o filho. — ELE NÃO ESTAVA FALANDO COM VOCÊ!

— Parece que nos últimos dois anos você enfrentou desafios consideráveis — disse o terapeuta logo depois, quando a tempestade já havia passado.

— O QUE VOCÊS FALARAM PARA ELE?! — reclamou Michael aos pais, com veemência.

— Falamos sobre o problema que você enfrentou no exame — respondeu a mãe — e que você é suicida. E sobre como nós não...

— CHEGA! — berrou ele. — Eu mal conheço esse homem e vocês já lhe contaram a história da minha vida! E eu não teria tentado suicídio se não tivesse tomando uma pancada de remédios de todos os tipos na época!

— Por que você concordou em tomá-los, então?! — perguntou o terapeuta.

— Não sei — respondeu Michael, esfregando com força a testa. — Diga para ele, mãe!

— Acho que ele estava tomando praticamente tudo quanto é tipo de remédio psiquiátrico que a humanidade já inventou — respondeu a mãe. — *Litium, Prozac...*

— PARE DE EXAGERAR, MÃE! — ordenou o filho, nervoso.

— Michael, não seja grosseiro com sua mãe — disse o pai.

— Se você não parar de me dizer para não ser grosseiro, eu vou embora! — gritou o filho.

## Mais uma vez, a tempestade rapidamente amainou.

— Que medicamentos você está tomando agora? — perguntou o terapeuta.

— Apenas um medicamento para os meus tiques — respondeu. — E nem ouse pensar em me dizer para tomar outro medicamento! Simplesmente vamos mudar de assunto!

— Ele nem está tomando esse medicamento continuamente — disse a mãe. — É por isso que ele ainda tem tanto tique.

— PARE, MÃE! — disse o filho, gritando. — Eu não me importo com os tiques! Não me amole com isso!

— É que... — a mãe começou a falar novamente.

— MÃE, NÃO! — clamou Michael.

## Sua mãe parou de falar.

— Michael, você se considera suicida agora? — perguntou o terapeuta.

— NÃO! E se você me perguntar isso de novo, eu vou embora!

— Mas ele ainda tem um problema com a auto-estima — disse o pai.

— EU ME SINTO PERFEITAMENTE BEM! — vociferou. — Você é quem precisa de psicólogo, não eu! — continuou ele, virando-se em seguida para o terapeuta. — Será que você conseguiria fazer alguma coisa em relação a eles? — perguntou ele, quando então o pai soltou uma risada ao ouvir a pergunta.

— O QUE HÁ DE TÃO ENGRAÇADO?! — perguntou Michael, com veemência.

— Perdão por interromper — disse o terapeuta. — Eu sei que você não está nem um pouco contente por estar aqui hoje, e consigo entender por que não está acreditando muito em mim, mais um profissional de saúde mental. Mas estou curioso... o que você gostaria que eu fizesse em relação a seus pais?

— Diga para eles me deixarem em paz — resmungou ele. — Eu estou bem.

— Sim, ele está conseguindo dar conta de tudo sozinho — disse o pai, sarcasticamente.

— POR FAVOR! — gritou Michael.

— Se eu dissesse a seus pais para deixá-lo em paz, você acha que eles me obedeceriam? — perguntou o terapeuta.

— Não — respondeu ele, olhando para os pais com raiva. — Acho que não.

— Tenho quase certeza de que as interações entre você e seus pais são muito frustrantes para você, não? — afirmou o terapeuta, com extremo cuidado.

— Vocês acabaram de encontrar outro *gênio*, disse ele, virando-se para os pais. — Precisamos pagar e desperdiçar nosso tempo para ouvir esse cara nos dizer o óbvio?

— Michael! — disse o pai. — Não seja grosseiro!

— PARE DE ME DIZER O QUE DEVO FAZER! — vociferou o filho.

— Fico grato por sua atenção em relação a mim — disse o terapeuta ao pai. — Mas de fato gostaria de ouvir o que Michael tem a dizer — completou o terapeuta, voltando agora o olhar para Michael. — Acho que não consigo fazer com que seus pais o deixem em paz sem você por perto.

— E eu não acredito que você consiga fazer com que eles me deixem em paz *comigo* aqui — afirmou Michael, calando-se por algum momento. — Quantas vezes terei de vir aqui? — perguntou ele.

— Bem, para começar, gostaria que você viesse quinzenalmente — respondeu o terapeuta. — Gostaria que seus pais viessem toda semana. Está bom assim?

— Ótimo! — respondeu ele. — Podemos ir agora?

— Gostaria de conversar com seus pais por mais alguns minutos. Mas você pode esperar lá fora, se quiser.

### Michael saiu então do consultório.

— Temos muito trabalho pela frente — advertiu o terapeuta. — Em primeiro lugar, Michael é extremamente irritável, muito extremista e não sabe direito como as pessoas estão interpretando suas atitudes e comportamentos. Ele já tentou se matar uma vez...

— Duas vezes — interrompeu a mãe. — Ele tentou o suicídio duas vezes no mesmo ano.

— Duas vezes — refletiu o terapeuta. Suas expectativas acadêmicas são bastante altas, mas alguns problemas sérios de aprendizagem podem estar interferindo; ele não está sendo medicado satisfatoriamente no momento; não acredita nem um pouco em psiquiatras e psicólogos. Além disso, um desencadeador específico parece desestabilizá-lo, disso não há dúvida.

— O que poderia ser? — perguntou a mãe.

— Vocês — respondeu o terapeuta.

— Por onde começamos? — perguntou por fim a mãe, após o longo silêncio que havia se seguido à resposta do terapeuta.

— Bem, preciso de mais informações sobre um monte de coisas — disse o terapeuta. — Mas uma coisa é certa, não vamos chegar a lugar algum se eu não conseguir estabelecer um elo com ele. E teremos de ajudar vocês a aprender a se comunicar e colaborar para que as interações entre Michael e vocês não sejam tão frustrantes para toda a família.

— Ah, você quer dizer que há certa tensão em nossa família? — o pai perguntou sarcasticamente.

— Um pouco — sorriu o terapeuta.

— Então voltamos na próxima semana, certo? — confirmou a mãe.

— Sim — respondeu o terapeuta.

A essa altura, você deve estar pensando: "Uau, eu não estou tão mal assim" ou "O quê? Será que ele está pensando que não sabemos o que é um surto?" ou "Será que poderíamos parar de enrolar e ir direto ao assunto? O que devo *fazer*?". Lembre-se, simplesmente, de que a parte mais importante em relação ao que você faz é identificar as vias e os desencadeadores em seu filho. Do contrário, é provável que nunca saberemos com exatidão o que fazer. Contudo, antes de identificarmos o que devemos fazer *em seguida*, temos mais uma possibilidade a examinar: por que o que você *já* fez até agora não atendeu adequadamente às necessidades de seu filho.

# Capítulo 5
## A verdade sobre a aplicação de recompensas e punições

— A princípio imaginávamos que Amy fosse apenas uma criança voluntariosa e mimada — lembrou-se o pai. — Todos os livros que lemos sobre o assunto, todos os programas de TV apresentados por especialistas famosos e nosso pediatra diziam que, se simplesmente fôssemos mais firmes e mais conciliatórios com ela, as coisas melhorariam. É claro que os avós de Amy davam alguns palpites; eles viviam dizendo para mim e para a minha mulher que nos "bons e velhos tempos" a coisa seria diferente. Por isso, por um longo tempo utilizamos adesivos e castigos. Tenho arrepios só de pensar nas inúmeras vezes que essa pobre menina ficou de castigo. Mas nos disseram que as lições que estávamos tentando ensinar a ela em algum momento seriam assimiladas. Às vezes, ela costumava sair do castigo. Quando procurávamos mantê-la ali, Amy tentava nos chutar e morder. Quando a confinávamos em seu quarto, ela ficava até mesmo perigosa. Não sabíamos que estávamos agindo errado.

— Por isso, consultamos inúmeros médicos, em busca de respostas. Segundo um deles, os acessos de raiva de Amy eram apenas uma forma de chamar a nossa atenção. Que deveríamos, portanto, ignorá-los e dar maior atenção a ela para que se comportasse adequadamente. Mas ignorá-la não a acalmava de forma alguma quando ela se sentia frustrada em relação a alguma coisa. Não me importa o que os especialistas dizem. Só sei que não podemos ignorar um filho quando ele está sendo destrutivo e violento.

— Outro médico — isso ocorreu quando ela tinha mais ou menos 8 anos — nos disse que Amy tinha muita raiva e muita ira. No ano seguinte, foi submetida a sessões de ludoterapia para que o terapeuta descobrisse o motivo de tamanha raiva. Ele praticamente nos ignorou quando lhe dissemos que Amy não ficava com raiva o tempo todo, mas apenas quando as coisas não saíam exatamente como ela imaginava. Ele nunca descobriu por que ela sentia tanta raiva.

— O último profissional que procuramos foi uma psiquiatra infantil. Não estávamos muito entusiasmados com essa idéia, mas, na opinião dela, se Amy fosse medicada, isso poderia ajudá-la a manter-se inteira. Constatamos que não tínhamos nada a perder. Contudo, ao perceber que o primeiro medicamento não havia produzido nenhum efeito, ela prescreveu outro e depois outro. Talvez algumas crianças se dêem bem com remédios, mas esse não foi o caso de Amy. Esses medicamentos todos não adiantaram nada. Só a fizeram engordar treze quilos e meio. Nesse meio-tempo, continuamos tentando descobrir uma maneira de conviver com uma criança assim.

Fizemos tudo o que nos foi dito. Pagamos um preço alto — e não estou falando apenas de dinheiro —, ouvindo diferentes profissionais e tentando aplicar estratégias ineficazes. Desde o princípio, tínhamos por certo que suas explosões eram culpa nossa. Mas se isso fosse verdade, por que nossos outros filhos se comportariam tão bem?

Psicologia e psiquiatria não são ciências exatas. Além disso, diferentes profissionais de saúde mental têm diferentes teorias e interpretações a respeito do comportamento infantil explosivo. Como você sabe, as crianças podem exibir esse tipo de comportamento por diversas razões, de modo que não existe uma forma certa ou errada de explicá-lo nem uma única abordagem de tratamento adequada a todos os casos. A solução é encontrar explicações e intervenções que correspondam apropriadamente à criança e à família em questão.

Talvez a abordagem mais recomendada e mais utilizada para compreender e mudar o comportamento de crianças explosivas — o saber convencional — seja aquela que genericamente costumamos chamar de *abordagem padrão de gerenciamento do comportamento*. Há alguns pontos de vista primordiais em relação a essa abordagem. O primeiro é que, em algum momento da vida, as crianças desobedientes *aprenderam* que surtos, explosões, palavrões, gritos e destrutividade chamam a atenção ou as ajudam a conseguir o que desejam coagindo (ou convencendo) os pais a 'concordarem e fazerem o que elas querem'. Esse ponto de vista em geral dá sustentação à opinião de que os acessos de raiva são projetados, intencionais e propositais e que a criança exerce controle consciente sobre elas ("Essa criança é extremamente manipuladora. Ela sabe exatamente onde cutucar!"), o que, por sua vez, faz com que os adultos se contrariem com seu comportamento, levando-o para o lado pessoal ("Por que ele está fazendo

## A verdade sobre a aplicação de recompensas e punições

isso comigo?"). Como você pôde ver no Capítulo 2, embutida à idéia de que esse comportamento é aprendido encontra-se a dedução natural de que a criança não foi devidamente educada ou disciplinada ("O que essa criança precisa é de pais dispostos a lhe dar um bom corretivo"). Os pais que pensam dessa maneira normalmente se culpam pelo comportamento explosivo do filho ("Só pode ser culpa nossa... Com certeza estamos fazendo alguma coisa errada. Nada do que fazemos parece fazer efeito com esse menino"). Concluindo, se você acredita que esse tipo de comportamento é aprendido e que é uma conseqüência da falta de cuidados adequados dos pais e da falta de disciplina, isso implica que ele pode ser igualmente desaprendido por meio de instruções e disciplinas mais apropriadas e convincentes.

Em geral, esse processo de desaprendizagem e reensino inclui: (1) dedicar à criança muita atenção positiva para diminuir seu desejo de atenção negativa; (2) ensinar os pais a dar menos ordens, porém a ser mais transparentes; (3) ensinar à criança que a obediência vale para todas as ordens dadas pelos pais e que ela lhes deve obedecer imediatamente porque eles só darão uma determinada ordem uma ou no máximo duas vezes; (4) utilizar um sistema de registro (pontos, adesivos, 'carinhas' felizes e outros mais) para acompanhar o desempenho da criança em relação aos comportamentos desejados (como obedecer quando um adulto dá uma ordem, fazer o dever de casa, aprontar-se para a escola, escovar os dentes e assim por diante); (5) determinar o que deve ser aplicado — oferecer recompensas, como dinheiro da mesada e privilégios especiais, e punições, como castigos e a perda de privilégios —, dependendo de o desempenho da criança ter sido bom ou ruim; e (6) ensinar à criança que seus pais não vão sucumbir diante de seus acessos de raiva. Essa abordagem convencional não é mágica; ela apenas formaliza algumas práticas fundamentais para uma educação eficaz por parte dos pais, como deixar claro de que modo o filho deve ou não deve se comportar, sempre exigindo e insistindo para que se comporte adequadamente, e lhe oferecer um incentivo para que se comporte de uma ou de outra forma.

Alguns pais e filhos se beneficiam enormemente desses programas, descobrem que os procedimentos descritos oferecem um pouco de estrutura e organização para que a família se discipline e acabam mantendo-se no programa por um bom tempo. Outros pais, embora não sigam um programa de gerenciamento do comportamento formalmente e por um longo período, ainda assim mudam alguns aspectos essenciais em relação à forma de educar e criar os filhos, tornando-se, desse modo, mais eficazes para ensinar e motivar os filhos. Alguns outros a princípio se envolvem com um determinado programa de gerenciamento do comportamento com entusiasmo, vigor e cautela, mas com o tempo vão perdendo tudo isso. Os pais que se comportam dessa maneira com freqüência retornam à sua antiga e habitual forma de educar e criar os filhos.

E muitos outros pais acreditam que os programas de gerenciamento do comportamento não melhoram o comportamento dos filhos, mesmo quando eles se tornam adeptos do programa. Na verdade, para alguns pais, esses programas *aumentam* a freqüência e a intensidade dos acessos de raiva dos filhos e *pioram* a qualidade das interações que procuram manter com os filhos. Por quê? Porque os programas de recompensa e punição não ensinam as habilidades de flexibilidade e tolerância a frustrações. E porque ser punido ou não receber uma recompensa prometida frustra ainda mais as crianças, não menos. E porque, como você provavelmente já deve ter constatado, ser mais inflexível não ajuda seu filho a ser mais flexível. Existe uma equação simples que resume esse fenômeno:

*inflexibilidade* + *inflexibilidade* = *acesso de raiva*

Mas façamos uma breve retrospectiva e examinemos mais de perto o que aconteceu quando os pais de Amy procuraram implementar programas de gerenciamento do comportamento. Em primeiro lugar, eles tentaram oferecer orientações à filha para que, assim, ela conseguisse obedecer mais facilmente. Além disso, seus pais foram incentivados a 'perceber e a fazê-la perceber quando estava se comportando bem' (com elogios verbais, abraços e assim por diante) toda vez que ela obedecesse. Em seguida, ela e os pais identificaram uma variedade de recompensas significativas que poderiam ser ganhas em troca de obediência. Seus pais, desse modo, receberam assistência para projetar um sistema de 'câmbio' — no caso de Amy, um sistema de pontuação — para acompanhar a porcentagem de vezes em que Amy atendia

## A verdade sobre a aplicação de recompensas e punições

aos pedidos dos pais. Os pontos seriam então trocados periodicamente pelas recompensas. Cada uma das recompensas tinha uma etiqueta para identificação do valor de troca. Os pais, portanto, começaram a implementar o procedimento de castigo quando Amy não obedecia. Sendo assim, Amy estava recebendo uma quantidade específica de pontos toda vez que ela atendia a um pedido dos pais e era posta de castigo e perdia pontos quando não obedecia. A essa altura, Amy sem dúvida estava bastante motivada a obedecer (supondo, é claro, que já não estivesse motivada desde o princípio).

Este foi o cenário que se seguiu. Os pais orientavam a filha. Amy, que não tinha muita habilidade para mudar seu padrão cognitivo nem habilidades de linguagem para dizer isso às pessoas, não obedecia. Os pais repetiam as instruções. Amy, ainda sem capacidade para imaginar o que dizer, ficava frustrada, pois não se sentia nem um pouco entusiasmada a perder pontos ou a acabar sendo posta de castigo. Os pais faziam-na recordar das conseqüências de não obedecer e da necessidade da obediência instantânea. Em vez de ajudar Amy a acessar imediatamente em seu cérebro o arquivo que continha as informações essenciais ("Se você fizer o que eles estão pedindo, ganhará pontos; se não fizer, ficará de castigo"), a advertência dos pais na verdade faziam-na ficar mais frustrada e agitada, tornando seu raciocínio cada vez mais desorganizado e insensato e seu controle sobre suas palavras e atos substancialmente menor. Os pais de Amy interpretavam a freqüência e a incapacidade crescentes de Amy de atender às suas ordens como uma tentativa de fazê-los 'admitir que estavam errados' ou de 'concordar e fazer o que ela desejava' e advertiam-na de que a castigariam imediatamente. Amy, aparentemente sem capacidade alguma de raciocinar, começava a gritar e a agredir violentamente. Seus pais pegavam a filha pelo braço para colocá-la de castigo, uma atitude que aumentava ainda mais sua frustração e insensatez. Amy resistia ao castigo. Seus pais tentavam refreá-la fisicamente (muitos livros não mais recomendam esse método, mas o livro que os pais de Amy estavam utilizando dava essa instrução) ou a confinavam em seu quarto até que se acalmasse. O esforço para mantê-la no castigo ou confiná-la no quarto intensificava ainda mais seu acesso de raiva. Ela tentava dar socos, chutar, morder, unhar e cuspir nos pais. Assim que era trancada no quarto — quando os pais de fato conseguiam levá-la e mantê-la ali —, tentava destruir tudo o que conseguia alcançar com as mãos, até mesmo alguns de seus brinquedos favoritos.

Finalmente, isto é, em algum momento no intervalo de dez minutos a duas horas, Amy ficava totalmente exausta e começava a chorar ou caía no sono. Restabelecia então sua capacidade de raciocinar. Os pais, também exaustos, ficavam frustrados e irritados, mas acreditavam que a maneira como haviam agido com a filha — e o fato de não terem cedido — mais cedo ou mais tarde seria recompensada, melhorando sua obediência. Quando Amy por fim saía do quarto, já estava arrependida. Os pais, em tom firme, davam novamente a instrução que havia desencadeado o episódio anterior.

Que problema existe no que acabamos de retratar? A desobediência de Amy era de fato planejada, proposital e intencional? Os termos oposicional, desobediente, desafiadora, coercitiva, exibida e assim por diante são realmente os melhores adjetivos para descrever Amy? Seus pais de fato não são bons disciplinadores? Um programa de recompensa e punição é a melhor maneira de ensinar Amy a ser mais flexível e a lidar mais adaptativamente com a frustração?

A resposta é não, não e não. E novamente não.

Quando uma criança tem deficiência de leitura, que intervenção é apropriada? Descubra o motivo e ensine as habilidades que lhe faltam. Se uma criança apresenta atraso no desenvolvimento de habilidades matemáticas, que intervenção é apropriada? Descubra o motivo e ensine as habilidades que lhe faltam. E se seu filho encontrar alguma dificuldade nos domínios da flexibilidade e tolerância a frustrações, o que você deve fazer? Descubra o motivo e ensine as habilidades que lhe faltam.

Lamentavelmente, vivemos em uma sociedade em que muitos adultos, quando diante de uma criança que não está atendendo às expectativas, não conseguem pensar em nada mais senão nas *recompensas e punições*. É uma pena, porque as recompensas e punições na verdade só podem ser úteis de duas maneiras: (1) *para ensinar lições básicas sobre o que é certo e o que é errado* (por exemplo, não agrida, não xingue, não surte); e (2) *para motivar as pessoas a se comportarem apropriadamente*. Contudo, parece ser bastante seguro afirmar que seu filho já sabe que você não quer que ele agrida, xingue ou surte. Desse modo, não faria muito sentido despender uma quantidade enorme de tempo usando recompensas e punições para lhe ensinar algo que ele já sabe. Além do mais — embora seja mais difícil de acreditar nisso —, é possível afirmar com segurança que seu filho já está motivado a não sofrer e a não causar sofrimento a quem está à sua volta. Portanto, também não faria muito sentido despender um tempo enorme usando as recompensas e punições para o incentivar a se sair bem. *As crianças progridem quando têm capacidade para isso*. Caso seu filho tivesse capacidade para se sair bem, ele o faria. Ele necessita de outra coisa de você. Felizmente, além das recompensas e punições, existe um universo infinito de opções do qual você pode lançar mão para ajudar seu filho. Sua jornada a esse novo universo começa no capítulo seguinte.

**Pergunta:** — As habilidades de flexibilidade e de tolerância a frustrações são essenciais, não são? Meu filho, portanto, teria que mudar, não teria?

**Resposta:** — A flexibilidade e a tolerância a frustrações são habilidades fundamentais, mas com certeza existem algumas formas de ensinar seu filho a ser mais flexível. Contudo, você não chegará a lugar nenhum — nem conseguirá ensinar nada produtivo — se travar constantes batalhas com ele para tentar forçá-lo a ser mais flexível.

**Pergunta:** — Mas se eu não ensinar meu filho a ser mais flexível, como ele vai aprender a sê-lo?

**Resposta:** — Se ele vai aprender a ser mais flexível — e acredito piamente que ele consiga esse intento —, isso não vai ocorrer pelo fato de você estar sendo um exemplo de flexibilidade.

**Pergunta:** — Mas o método antigo funcionou no meu caso; eu crio meus filhos da mesma forma como fui criada.

**Resposta:** — A maneira como você foi criada pode ter funcionado no seu caso — e parece que está funcionando para seus outros filhos —, mas não há dúvida de que não está sendo tão adequada para o seu filho explosivo.

**Pergunta:** — Não seria necessário criar um precedente agora para que meu filho saiba quem é que manda e não pense que sempre conseguirá o que deseja e da forma como deseja?

## A Criança Explosiva

**Resposta:** — Seu filho explosivo já sabe que você é quem manda e também já sabe que não conseguirá fazer a vontade dele prevalecer. Missão cumprida. Portanto, suponho que você não precise mais criar precedentes e lhe dizer quem é que manda e que nem sempre ele conseguirá fazer valer sua vontade. Ele precisa de outra coisa de você.

**Pergunta:** — Eu não sei que outra coisa fazer.

**Resposta:** — Você conseguirá saber tão logo termine a leitura deste livro.

# Capítulo 6

# Plano B

É difícil quebrar padrões antigos. Portanto, a *reprodução* é um elemento essencial para manter as coisas na direção certa. Tendo isso em mente, apresentaremos alguns pontos importantes que desejamos manter frescos na memória:

- Flexibilidade e tolerância a frustrações são habilidades. Pelo fato de seu filho não ter habilidades de pensamento (vias), ao lidar com frustrações, ele encontra dificuldades para interagir com o mundo de uma maneira adaptável e flexível.
- As explicações convencionais acerca dos acessos de raiva de seu filho — cuidados paternais/maternais inapropriados, falta de motivação, exibicionismo e falta de respeito pela pessoa que manda — talvez não sejam precisas. Por esse motivo, os métodos convencionais usados pelos pais na criação e educação dos filhos e os programas motivacionais que resultam dessas explicações talvez não correspondam às necessidades de seu filho.
- Como você já deve ter concluído por conta própria, é improvável que os acessos de raiva que você já induziu e tolerou tenham ensinado a seu filho algo produtivo ou provocado alguma mudança positiva e significativa em seu comportamento.

## Alguns tópicos importantes

Antes de abordarmos os detalhes práticos da *resolução colaborativa de problemas* (daqui por diante com freqüência citada abreviadamente

— RCP), veremos em algumas páginas subseqüentes como é possível criar um ambiente 'amistoso' que seu filho explosivo possa compreender e com o qual possa conviver facilmente para, desse modo, nos prepararmos para o trabalho pesado que ainda temos pela frente. Em primeiro lugar, *é indispensável assegurar que todos os adultos que vão interagir com o seu filho saibam exatamente quais são suas dificuldades.* Cheguei a atender uma criança cujos colapsos emocionais haviam diminuído consideravelmente em casa e na escola. Eu, os pais e os professores dessa criança chegamos a pensar que estávamos progredindo, até que seu professor de educação física a quem, por negligência, deixamos de esclarecer acerca disso, exigiu que ela vestisse um blusão de moletom em um dia em que fazia 13°C. Após três minutos do que poderíamos chamar de inflexibilidade recíproca, a criança atravessou com um soco uma janela de vidro. O que queremos dizer a esta altura é que conseguir fazer com que todas as pessoas ajam de acordo e em harmonia é indispensável. Se isso não for possível, o ideal então é tentar fazer com que o maior número de pessoas possível aja desse modo. É melhor saber que podemos contar com algumas pessoas que compreendem e atendem às necessidades de nosso filho do que não poder contar com ninguém.

Em segundo lugar, *talvez seja necessário cozinhar em banho-maria alguns de seus interesses como pai ou mãe, pelo menos temporariamente.* Seu filho sem dúvida já provou que não consegue lidar com todas as frustrações que está captando em seu 'radar' e com as quais está convivendo no presente. Se você deixar de colocar em evidência, na tela desse 'radar', algumas frustrações desnecessárias e algumas metas talvez pouco realistas, é provável que o nível global de frustração de seu filho diminua e que o relacionamento entre vocês e as metas restantes progridam. Se a freqüência dos acessos de raiva de seu filho diminuir, o nível geral de tensão e hostilidade em sua família também pode diminuir. Embora muitos pais e professores defendam a prudência de reduzir todas as exigências de flexibilidade e tolerância a frustrações em relação a uma criança, normalmente eles precisam de ajuda para aprender a fazer isso. Eles desejam, além do mais, a garantia e o reconforto de que a criança não venha a pensar que eles são fáceis de derrotar. Eis aqui uma garantia: *não há absolutamente nada na resolução colaborativa de problemas que possa fazê-lo se sentir condescendente e fácil de derrotar.*

Em terceiro lugar, se ainda não começou, *talvez você tenha de lutar corpo a corpo com o fato de seu filho ser um pouco diferente.* Seu filho não se comporta como uma 'criança comum'. Desse modo, se deseja que ele seja uma criança exemplar e condescendente, isso parece impossível. Felizmente, ser um bom pai ou uma boa mãe (e um bom professor) é *ser empático e sensível com o que lhe foi reservado.* O Capítulo 3 já lhe deu uma idéia melhor a esse respeito. Nos demais capítulos deste livro, analisaremos como é possível ser mais sensível em relação a essa questão.

Em quarto lugar — e isso já foi mencionado de passagem neste livro, mas que neste momento é extremamente importante —, *os acessos de raiva na realidade podem ser previstos.* Nem todos são previsíveis, mas a maioria é. Portanto, por serem previsíveis, você pode resolver proativamente (de antemão) os problemas que provocam esses acessos. Em geral, em uma criança/família, de cinco a dez desencadeadores provocam os acessos semanalmente. No Capítulo 3, dissemos que esses desencadeadores eram problemas que ainda estavam por ser resolvidos. Assim que esses problemas forem consistentemente resolvidos, eles não mais provocarão os acessos.

Eis aqui, portanto, seu primeiro dever de casa: *na próxima semana, registre todos os problemas que frustram seu filho.* Essa será sua lista de problemas a serem resolvidos; ela deve incluir itens como acordar e sair da cama de manhã, aprontar-se para a escola, hipersensibilidades sensoriais, fazer o dever de casa, aprontar-se para dormir, tédio, mudança de uma atividade para outra, interação com os irmãos, ficar com fome logo após o jantar, opções ou quantidade de comida, opções de roupa, ficar surpreso quando há mudanças de plano repentinas, tomar remédio etc. Essas são apenas algumas possibilidades. Apronte já sua lista, pois temos problemas a solucionar!

## Três opções

Há basicamente três caminhos para lidar com uma criança quando diante de um problema ou de uma expectativa não atendida. Costumamos chamar essas opções de 'cestas'. (Esse termo foi criado nos primeiros dias de vida da abordagem da resolução colaborativa de problemas, quando percebemos que as pessoas poderiam se beneficiar da metáfora visual de ter três cestas em sua frente para depositar seus diferentes problemas ou suas expectativas não atendidas, dependendo da forma como cada problema ou expectativa tivesse de ser tratado.) Atualmente, chamamos essas cestas de *planos*, como em Plano A, Plano B e Plano C. É essencial enfatizar que os planos entram em cena apenas quando existe um problema ou uma expectativa não atendida. Se seu filho está atendendo a uma expectativa, não há necessidade de utilizar um plano. Por exemplo, caso seu filho esteja fazendo a lição de casa satisfatoriamente, sem ter acessos de raiva, você não precisa de um plano porque sua expectativa está sendo correspondida. Se seu filho estiver escovando os dentes satisfatoriamente, sem ter nenhum acesso, você não precisa de um plano porque sua expectativa está sendo correspondida. Porém, se seu filho *não* estiver correspondendo às suas expectativas ao fazer o dever de casa ou escovar os dentes, ou se essas expectativas tiverem aumentado a probabilidade de ele surtar, isso quer dizer que você precisa de um plano.

Muitas pessoas acreditam que o termo 'Plano A' refere-se ao plano *predileto*. Não neste livro. Aqui, o Plano A quer dizer lidar com um problema ou uma expectativa não atendida *impondo a vontade do adulto*. O Plano C implica *renunciar totalmente a uma expectativa*, pelo menos temporariamente. E o Plano B implica atribuir o nome da abordagem — *resolução colaborativa de problemas* — e envolver a criança em um diálogo em que *o problema ou a expectativa não atendida é resolvido de uma maneira satisfatória para ambas as partes*. Se você pretende seguir as recomendações deste livro, suas perspectivas são esses planos e eles terão de fazer parte de sua vida. Pelo menos um deles, especificamente. Examinemos cada um mais de perto.

## PLANO A

Se seu filho não está correspondendo a uma determinada expectativa e sua reação é impor sua vontade — isto é, dizer coisas do tipo "Não", "Você tem que" ou "Você não pode" —, você está usando o Plano A. Portanto, se seu filho disser: "Estou muito cansado para fazer a lição agora à noite", uma possível resposta nesse plano seria:

"Mas você tem que fazer". Se ele disser: "Hoje à noite não vou escovar os dentes", uma resposta possível nesse plano seria: "Não". Naturalmente, "Não estou interessado em discutir agora", "Você não tem opção", "Ande logo e vá escovar os dentes" e a ameaça ou imposição das conseqüências são também respostas do Plano A.

Vale lembrar que essas respostas podem parecer extremamente comuns e comedidas, mas apenas se tiver um filho comum e comedido em todos os sentidos. Você não tem um filho assim. No caso de uma criança explosiva, o Plano A — que implica impor sua vontade — *aumenta substancialmente a probabilidade de um acesso de raiva*. Por quê? Porque você está aplicando o Plano A em uma criança cujo cérebro não é Plano A. Recapitulemos a definição de acesso de raiva apresentada no Capítulo 2:

*Um acesso de raiva — assim como outras formas de comportamento mal adaptativo — ocorre quando as exigências cognitivas em relação a uma pessoa sobrepujam sua capacidade de corresponder adaptativamente.*

Se você aplicar o Plano A em uma criança cujo cérebro não é Plano A, fará uma exigência cognitiva que sobrepuja sua capacidade de corresponder adaptativamente. *BUM!* Na realidade, quando 'voltamos a fita' na vasta maioria dos acessos de raiva infantis, o que identificamos? Um adulto lançando mão de um Plano A.

Por que o cérebro de seu filho não é Plano A? Por causa das vias.

O Plano A fará parte da assistência que você prestará a seu filho para que ele consiga superar sua deficiência de aprendizagem no que se refere à flexibilidade e tolerância a frustrações? Não, não fará.

Você pode manter a imagem de uma pessoa autoritária, ir ao encalço de suas expectativas e conviver harmoniosamente com seu filho sem o Plano A? Sim, é bem possível.

# PLANO C

Como dissemos antes, o Plano C implica renunciar totalmente a uma expectativa, pelo menos por um tempo. Podemos ter certeza de que estamos usando o Plano C quando não respondemos nada ou concordamos em resposta a um problema ou a uma expectativa não atendida. Assim, se seu filho disser: "Estou muito cansado para fazer minha lição hoje", a resposta nesse plano seria: "Tudo bem". Se você observar que seu filho está indo dormir sem escovar os dentes, a resposta nesse plano seria não dizer absolutamente nada.

Existe um lado positivo no Plano C: ele o ajuda a evitar um surto de raiva. Contudo, há um lado negativo: você renuncia totalmente à sua expectativa, pelo menos por um momento. Naturalmente, como discutido no início deste capítulo, renunciar por completo a algumas de suas expectativas às vezes é também salutar, em especial no caso de crianças explosivas demasiadamente voláteis e instáveis, pois isso pode ajudá-las a ficar mais dispostas a discutir suas frustrações remanescentes. Algumas pessoas se valem exclusivamente de remédios para diminuir a volubilidade e instabilidade de uma criança. E, para algumas, os remédios são indispensáveis. Entretanto, é possível estabilizar e auxiliar inúmeras crianças a desenvolver melhor essa predisposição sem utilizar medicamentos, diminuindo temporariamente nossas expectativas em relação a elas por meio do Plano C.

Quando tomam conhecimento do Plano C, várias pessoas logo concluem que ele equivale a 'concordar e aceitar'. Na verdade, *concordar e aceitar* é o que ocorre quando você começa a usar o Plano A e acaba usando o Plano C porque seu filho está fazendo sua vida ficar uma lástima. Quando você usa o Plano C de propósito, na realidade está optando por renunciar proativamente a uma expectativa, tanto porque chegou à conclusão de que era pouco realista quanto porque você tem coisas mais importantes a fazer.

Por exemplo, uma determinada criança era notavelmente peculiar em relação às comidas que estava disposta a comer: determinados cereais no café da manhã e *pizza* no jantar. Seus pais queriam a todo custo — pois atormentavam e censuravam o filho sem parar (por falar nisso, *atormentar e censurar* são formas pouco estimulantes do Plano A) — que o filho seguisse uma dieta balanceada, mas não conseguiam lhe enfiar goela abaixo nem cereais pouco calóricos nem sopa de legumes. Esse exemplo de inflexibilidade recíproca provocava pelo menos dois acessos de raiva por dia (no café da manhã e no jantar). Exceto em casos extremos, como transtornos alimentares reais, problemas associados com diabetes e assim por diante, a utilização da abordagem do Plano C na alimentação é provavelmente indicada nos casos de crianças enjoadas para comer. Em outras palavras, essas crianças não morrerão de fome. O problema de 'comer uma variedade maior de alimentos' foi contornado com o Plano C; as explosões de raiva em relação a essa questão foram eliminadas; outros problemas mais prementes foram tratados; e o problema da comida — um desencadeador — em algum momento foi tratado sem a assistência do Plano A. Hoje, essa criança até certo ponto come uma ampla variedade de alimentos mais saudáveis e até acompanha a mãe ao supermercado para escolher aquilo de que mais gosta *com a ajuda da mãe*.

Outra criança, Eduardo, tinha acessos de raiva habituais toda vez que sua mãe o levava ao supermercado. Naturalmente, esses acessos ocorreriam em outras circunstâncias também, mas em nenhuma delas de modo tão previsível quanto no supermercado. Talvez fosse a grande quantidade de estímulos desse ambiente, talvez fosse o fato de ele ter idéias muito inflexíveis a respeito dos alimentos que queria que a mãe comprasse (a maioria dos quais não encabeçava a lista de compras da mãe). Fosse qual fosse o motivo, independentemente do que a mãe tentasse — prepará-lo com antecedência para viajar, recompensá-lo por se comportar bem ou puni-lo por comportamentos inapropriados, fazer viagens mais curtas, levar a vovó com eles, tentar contorná-lo nos lugares em que os colapsos emocionais pareciam ocorrer com maior freqüência, concordar que ele escolhesse um ou dois alimentos de sua lista —, ele ainda assim tinha acessos de raiva habituais quando a acompanhava ao supermercado. Por fim, a mãe chegou à conclusão de que grande parte das exigências que ela fazia no supermercado — ficar perto do carrinho, não exigir que ela comprasse todos os cereais com alto teor de açúcar que estivessem na prateleira, ser paciente na fila do caixa — àquela altura simplesmente não melhoraria o desenvolvimento de seu filho. Constatou então que ele ficaria bem melhor e feliz se ela renunciasse à expectativa de que o filho a acompanhasse ao supermercado (Plano C).

**Mãe:** — Mas ele não vai conseguir ficar longe dos supermercados para sempre, não é verdade?

**Terapeuta:** — Exato. Mas, felizmente, ir ao supermercado não é essencial à vida de Eduardo neste exato momento.

**Mãe:** — Quando devo tentar levá-lo novamente a um supermercado?

**Terapeuta:** — Quando a senhora resolver alguns dos mais importantes desencadeadores apontados em sua lista e quando chegar à conclusão de que ele está pronto para isso.

**Mãe:** — Nem sempre é fácil para a minha mãe cuidar dele para mim quando preciso ir ao supermercado.

**Eu:** — Eu sei. Mas é mais difícil ainda — e muito mais prejudicial ao seu relacionamento com o seu filho — vê-lo ter acessos de raiva toda vez que o leva ao supermercado.

'Agir dentro da normalidade' é uma ótima idéia, mas só se você tiver um filho que aja da mesma forma. Mas seu filho não age assim.

Que outros desencadeadores podem justificar uma resposta do Plano C, pelo menos temporariamente? Isso varia de família para família e depende muito do nível de instabilidade da criança. Contudo, dentre os desencadeadores que costumam entrar na lista do Plano C, no caso de algumas crianças, estão os seguintes: escovar os dentes, escolher alimentos, exercitar-se, fazer o dever de casa, ter boas maneiras à mesa, chegar à escola na hora certa e até mesmo xingar. Naturalmente, todos esses desencadeadores serão mais dia menos dias controlados com o Plano B, assim que a criança tiver se estabilizado e outros problemas mais urgentes tiverem sido resolvidos.

Examinemos agora a opção mais importante, aquela da qual o êxito do modelo RCP depende.

## PLANO B

Como vimos antes, o Plano B requer a aplicação do nome da abordagem: *resolução colaborativa de problemas*. Qual o principal campo de ação do Plano B? Discutir e tentar encontrar soluções mutuamente satisfatórias para os problemas que estão fazendo com que seu filho (e, talvez, você, também) se comporte mal adaptativamente.

Entretanto, de acordo com inúmeros livros bastante conhecidos sobre criação e educação dos filhos, você nunca deve tentar resolver um problema com um filho. Mas, de acordo com este livro que você está lendo agora, tentar resolver um problema com seu filho pode ser uma maneira extremamente eficaz de perseguir uma expectativa, diminuindo ao mesmo tempo a probabilidade de um acesso de raiva e de simultaneamente ajudá-lo a aprender as habilidades que com certeza faltam a ele. Você não perderá a autoridade quando usar o Plano B, de forma alguma.

Ao usar o Plano B você funciona como um *lobo frontal substituto*. Ou seja, você realiza no lugar de seu filho a atividade mental que no momento ele é incapaz de realizar por si só; você serve para ele como um guia turístico para atravessar suas frustrações. Eis o que inúmeros pais pensam quando eles avaliam pela primeira vez a possibilidade de servir como lobo frontal: "Espera lá, meu filho não vai precisar de um lobo frontal substituto para a vida toda, vai?". Na realidade, o motivo pelo qual você está funcionando como um lobo frontal substituto no momento é justamente para que ele não precise de um para o resto da vida. Assim que ensinar a seu filho as habilidades necessárias para que ele consiga lidar sozinho e com facilidade com frustrações e exigências de flexibilidade, você será destituído desse cargo. Quem o demitirá? Seu filho. Por quê? Porque as crianças *progridem quando têm capacidade para isso*. A mesma coisa vale para qualquer outra deficiência de aprendizagem.

O que vem a seguir é fundamental. São dois os tipos de Plano B que você pode pôr em prática: o *Plano B de Emergência* e o *Plano B Proativo*. Na primeira vez em que são apresentados ao Plano B, muitos pais e demais pessoas da família acabam chegando à conclusão errônea de que o melhor momento de usá-lo é quando a criança fica frustrada. Esses momentos são para o Plano B de Emergência, e na verdade não é a melhor ocasião porque a criança já começou a se irritar. Poucos seres humanos conseguem pensar com clareza quando estão irritados. Como examinamos antes, os acessos de raiva são em sua maioria bastante previsíveis. Desse modo, não há motivo para esperar até que a criança se irrite outra vez para tentar resolver o problema que há muito tempo está provocando esses acessos. A meta é resolver o problema de forma proativa — antes de ele vir à tona novamente. Esse é o Plano B Proativo.

Por exemplo, se seu filho sempre torce o nariz para escovar os dentes, a melhor hora de ter uma conversa com ele, de acordo com o Plano B, é antes de ele se vir mais uma vez diante da tarefa de escovar os dentes, não no calor do momento. Se em geral seu filho tem dificuldade de fazer o dever de casa, o momento de ter uma conversa com ele, segundo o Plano B, para solucionar esse problema, é antes de ele se vir corpo a corpo mais uma vez com a obrigação de fazer o dever.

O que vem a seguir é absolutamente crucial. Existem três passos na aplicação do Plano B:

1. *Empatia (mais garantia/reconforto)*
2. *Definição do problema*
3. *Convite*

Se tiver utilizado os três passos descritos anteriormente na ordem prescrita, terá empregado o Plano B. Se não tiver seguido a ordem prescrita, não terá utilizado o Plano B. Assim sendo, é melhor examinarmos de perto cada um desses passos.

**Empatia**

A empatia é o primeiro passo do Plano B por alguns motivos. Em primeiro lugar, a empatia mantém as pessoas calmas. Por isso, é uma boa maneira de ajudar seu filho a manter-se suficientemente sensato para de fato dialogar com você. Se não conseguir mantê-lo calmo, o problema que está provocando sua frustração não será resolvido porque não haverá oportunidade de diálogo.

Além disso, a empatia assegura que a inquietação de seu filho esteja de fato em pauta. Assim como os adultos, as crianças têm inúmeras inquietações legítimas: fome, fadiga, medos, desejo de comprar ou de fazer determinadas coisas, desejo de sentir menos calor ou de sentir menos frio e assim por diante. Infelizmente, as crianças, em sua maioria, estão habituadas a ver suas inquietações ignoradas por adultos mais interessados em sanar suas próprias preocupações. Pode até ser que você não saiba muito bem por que poderia querer ignorar a inquietação de uma criança, mas é preciso ter muito claro por que não desejaria considerar a inquietação de uma criança explosiva. Você não perderá de forma alguma sua autoridade sendo empático.

## Plano B

Na realidade, manteria seu filho calmo e começaria a levar em conta sua inquietação.

Como você pode ser empático? Basicamente, reiterando a inquietação de seu filho para que ele ouça e repetindo uma a uma, fielmente, as palavras que ele utiliza. Algumas pessoas chamam esse método de escuta crítica. Vamos praticar um pouco.

**Criança:** — O remédio que estou tomando está me dando dor de estômago.

**Adulto (empático):** — O remédio está te dando dor de estômago.

**Criança:** — Tenho medo de que o filme seja muito assustador.

**Adulto (empático):** — Você está com medo de que o filme seja muito assustador.

**Criança:** — Estou muito cansado para fazer o dever de casa.

**Adulto (empático):** — Você está muito cansado para fazer o dever de casa.

Soa muito direto e sem atrativos, não? Decorre que, na verdade, para inúmeros adultos, ser empático não é tão fácil quanto possa parecer. E a empatia torna-se ainda mais difícil pelo fato de que é raro as crianças serem suficientemente específicas com relação às suas inquietações. Na realidade, as crianças (da mesma maneira que os adultos) tendem mais a trazer à tona uma solução do que uma inquietação. Mas tenha cuidado para que, no final das contas, a inquietação da criança é que venha à tona, e não a sua. Se você não souber qual é a inquietação dela, precisará descobrir em geral lhe perguntando: "E aí, o que houve?". Se ela não souber por que está apreensiva, você terá de fazer suposições com base em fatos ou informações (como discutiremos mais à frente, no Capítulo 8). Vamos praticar mais um pouco.

**Criança:** — Eu não estou tomando meus remédios. (Isso não é uma inquietação, mas uma solução para uma inquietação.)

**Adulto (empatia inicial):** — Você não está tomando seus remédios. E aí, o que houve?

**Criança:** — Está me dando dor de estômago. (Ah, agora temos uma inquietação para considerar e ainda por cima muito importante.)

**Adulto (empatia refinada):** — Está te dando dor de estômago.

**Criança:** — Eu não vou ao cinema com vocês. (Novamente, uma solução, não uma inquietação.)

**Adulto (empatia inicial):** — Você não vai ao cinema conosco. E aí, o que houve?

**Criança:** — Acho que vou me assustar muito. (Com certeza, não ignoraríamos essa inquietação.)

**Adulto (empatia refinada):** — Você está com medo de que o filme o deixe muito assustado.

**Criança:** — Eu não vou fazer o dever de casa.

**Adulto (empatia inicial):** — Você não vai fazer o dever de casa. E aí, o que houve?

**Criança:** — Está muito difícil para mim.

**Adulto (empatia refinada):** — Está muito difícil para você.

Ao longo desse diálogo, é recomendável usar formas empáticas de baixo risco, em vez de concluir precipitadamente o que a criança está tentando dizer. Por exemplo, se uma criança disser "Eu quero *pizza*", uma forma empática de baixo risco esclarecedora seria: "Você quer *pizza*. O que está havendo?". Contudo, inúmeras pessoas tendem a responder "Ah, você provavelmente está com fome" à questão "Eu quero *pizza*". Embora a probabilidade de essa suposição estar correta seja bastante grande, existe a possibilidade de você estar errado. Por exemplo, a criança talvez não esteja com fome; talvez, por exemplo, por pensar de forma extremista, deseje *pizza* porque logo no início do dia alguém lhe prometeu que ela comeria *pizza*. Mas que problema haveria nisso tudo? A criança não tem habilidade para corrigi-lo, caso em que, embora bem-intencionada, sua tentativa de ser empático na verdade poderia precipitar um acesso de raiva. A empatia de baixo risco normalmente é uma opção mais segura.

Por falar nisso, após mais ou menos uma semana de escuta crítica, especialmente os adolescentes costumam perguntar: "Por que você fica repetindo tudo o que digo?" ou "Você parece psicólogo". Se um adolescente (ou uma criança) opuser-se a essa forma de empatia, um simples "Hum... hum... entendi" normalmente é o bastante.

Às vezes, apenas ser empático não é suficiente para manter uma criança calma. Talvez a criança precise também de uma garantia e de

## Plano B

um reconforto. Garantia e reconforto em relação a quê? Ao fato de você não estar usando o Plano A. Observe que é bem provável que o Plano A esteja mais presente na vida dela do que o Plano B. Talvez por isso ela ainda esteja esperando que você reaja com o Plano A. Isso significa que, antes mesmo de você tentar usar o Plano A, ela vai continuar se irritando porque ainda não está habituada à sua intenção de ajudá-la a resolver os problemas. Portanto, ela precisará de alguma garantia nesse sentido. Contudo, visto que ela não sabe o que é Plano A, você não pode dizer: "Eu não estou usando o Plano A". Na verdade, você deveria dizer algo do tipo: "Eu não estou dizendo que você é obrigada a" ou "Eu não estou dizendo não". Naturalmente, você também não está dizendo "Sim". Ser empático não é dizer "Sim" ou "Não". Nem concordar ou discordar. É simplesmente manter a criança calma (e igualmente você) e colocar em pauta sua inquietação. Portanto, vejamos o passo da empatia do começo ao fim:

> **Criança:** — Eu quero *pizza*.
>
> **Adulto (empatia inicial):** — Você quer *pizza*. O que está havendo?
>
> **Criança:** — Eu estou com fome.
>
> **Adulto (empatia refinada, mais garantia/reconforto):** — Você está com fome. Eu não estou dizendo que você não pode comer *pizza*.

Examinemos uma última questão, antes de passarmos para o passo seguinte. Todos os diálogos reproduzidos antes são na realidade exemplos do *Plano B de Emergência*. Entretanto, visto que os acessos de raiva são bastante previsíveis, é provável que as inquietações da criança em relação a tomar remédio já tenham se apresentado em circunstâncias anteriores, que essa talvez não seja a primeira vez que a dificuldade de fazer o dever de casa venha à tona e que o medo de assistir a filmes de terror já tenha sido uma inquietação. Apresentaremos a seguir como seria o passo da empatia se estivéssemos tentando usar o Plano B Proativo:

> **Adulto (empatia, usando o Plano B Proativo):** — Eu sei que seu remédio está te causando dor de estômago e que você não está nada contente com isso.

**Adulto (empatia, usando o Plano B Proativo):** — Estávamos planejando um cineminha para hoje à tarde, mas sei que você não deseja ir porque está com medo de que o filme possa assustá-lo.

**Adulto (empatia, usando o Plano B Proativo e tentando esclarecer):** — Percebi que ultimamente tem sido uma luta para você fazer o dever de casa. Mas não sei bem o motivo. O que está havendo em relação ao dever de casa?

**Criança:** — Está muito difícil para mim.

**Adulto (empatia refinada e outra tentativa de esclarecimento):** — Está muito difícil para você. Você está encontrando dificuldade em alguma parte específica?

**Criança:** — Na redação. Na escola, eles não me fazem escrever tanto quanto você faz.

**Adulto (empatia refinada):** — Ah, a redação é difícil para você e eu o faço escrever mais do que eles pedem na escola.

## Definição do problema

É no segundo passo do Plano B que o adulto traz à tona sua inquietação. Chamamos essa etapa de *definição do problema* porque, na nossa concepção, um problema simplesmente existe quando *duas inquietações ainda precisam ser reconciliadas*: a de seu filho e a sua. O Plano B é a única abordagem de problemas ou expectativas não atendidas em que estão em pauta as duas inquietações. Se a única inquietação em pauta for a do adulto, isso implica que você está usando o Plano A. Se a única inquietação em pauta for a da criança, você está usando o Plano C. Se ambas as inquietações estiverem em pauta, isso significa que você está empregando o Plano B.

No entanto, tanto quanto as crianças, os adultos são propensos a colocar em pauta as soluções (em vez de as inquietações). Se houver duas soluções em pauta, o Plano B não vingará. Na verdade, quando um adulto apresenta uma solução normalmente isso significa que a conversa passou do Plano B para o Plano A. Exemplos: "Você tem que ir ao cinema porque seu irmão não pode ir sozinho"; "Você não quer fazer o dever de casa? Simplesmente faça e acabe logo com isso!" e "Se você não tomar seu remédio, não vou levá-lo à aula de futebol".

## Plano B

Por que os adultos são tão propensos a apresentar logo soluções, em vez de colocarem em pauta as inquietações? Porque foram bem treinados por seus predecessores! Portanto, para isso, é necessário praticar um pouco. Eis alguns exemplos de diálogo desse tipo (observe que é uma continuação dos diálogos anteriores do *Plano B Proativo*):

**Adulto (empatia):** — Eu sei que seu remédio está te causando dor de estômago e que você não está nada contente com isso.

**Criança:** — Aham...

**Adulto (definição do problema):** — Eu também não estou muito satisfeita com isso. Acontece que fico preocupada de tirar o remédio de uma vez sem falar com seu médico. Além disso, parece que o remédio está ajudando você a controlar um pouco melhor seu humor.

**Adulto (empatia):** — Estávamos planejando um cineminha para hoje à tarde, mas sei que você não deseja ir porque está com medo de que o filme possa assustá-lo.

**Criança:** — Eu não gosto de filmes de terror.

**Adulto (garantia/reconforto e definição do problema):** — Eu sei, e não estou dizendo que você é obrigado a assistir a um filme de terror. A questão é que seu irmão está querendo muito ir ao cinema e eu não posso deixá-lo ir sozinho.

**Adulto (empatia, mais a tentativa de esclarecimento):** — Percebi que ultimamente tem sido uma luta para você fazer o dever de casa. Mas não sei bem o motivo. O que está havendo em relação ao dever de casa?

**Criança:** — Está muito difícil para mim.

**Adulto (empatia refinada e outra tentativa de esclarecimento):** Está muito difícil para você. Você está encontrando dificuldade em alguma parte específica?

**Criança:** — Na redação. Na escola, eles não me fazem escrever tanto quanto você faz.

**Adulto (empatia refinada):** — Ah, a redação é difícil para você e eu o faço escrever mais do que eles pedem na escola.

**Criança:** — Sim.

**Adulto (definição do problema):** — Eu não sabia que eles não faziam você escrever tanto na escola. Acho que estou preocupada apenas com o fato de que, se não praticar bastante, talvez nunca supere essa dificuldade.

Você conseguiu colocar em pauta duas inquietações. Agora, não há como retroceder.

## Convite

No terceiro passo do Plano B, é indispensável que o adulto e a criança imaginem e examinem possíveis soluções ao problema que nesse momento foi esclarecido por suas respectivas inquietações. Essa etapa é denominada *convite* porque o adulto está de fato *convidando* a criança a resolver o problema colaborativamente por meio de frases do tipo: "Vamos pensar em como podemos resolver esse problema" ou "Vamos pensar em como podemos encontrar uma solução". O convite permite que a criança se conscientize de que o processo de resolução do problema será realizado *com* ela — em outras palavras, em conjunto —, e não *para* ela.

Depois que a criança é convidada a resolver o problema colaborativamente, é necessário dar a ela uma primeira oportunidade para tentar encontrar uma solução ("Você tem alguma idéia?"). *Isso não quer dizer que a resolução do problema foi deixada a cargo da criança.* Porém, é uma boa estratégia, especialmente no caso de crianças habituadas a pais que lhes impõem sua vontade. A responsabilidade por resolver o problema é atribuída à equipe de resolução de problemas: seu filho *e* você.

Vários pais, por ficarem demasiadamente ansiosos por resolver o problema, se esquecem desse passo. Isso significa que, no exato instante em que vão de fato ajudar o filho, eles impõem sua vontade. Observe que, em algum momento entre a infância e a vida adulta, muitas pessoas chegam à conclusão de que a única pessoa capaz de imaginar uma boa solução para um problema é o adulto. De onde partiu essa idéia extremamente lamentável? De nossos predecessores. Embora haja alguma probabilidade de seu filho não ser capaz de imaginar nenhuma solução (problema esse que será discutido com riqueza de detalhes no Capítulo 8), há na realidade uma enorme probabilidade de seu filho *ser capaz* de imaginar ótimas soluções — que inclusive levarão em conta as inquietações de ambos — e que ele só estava esperando (com certa impaciência) que você lhe desse essa oportunidade. Portanto, tendo em vista que esse processo está relacionado à resolução de problemas com o seu filho, lembre-se de uma questão fundamental: *não tente impressionar e bancar o esperto*.

Você provavelmente acha que a maioria dos adultos daria um suspiro de alívio por não mais precisar imaginar uma solução imediata e genial para um problema. Na realidade, alguns pais necessitam de algum tempo para se acostumarem. Os problemas mais difíceis não são resolvidos numa fração de segundo. Os problemas difíceis resolvidos 'no tapa' em sua maioria não são de fato resolvidos. Para encontrar uma solução *duradoura* para um problema difícil, é necessário reflexão, ponderação, tempo e predisposição para permitir que o processo de investigação de possíveis soluções prossiga sem interrupções prematuras. Se por acaso você acha que os diálogos do Plano B às vezes são extensos, não está errado. Porém, os acessos de raiva podem ser muito mais demorados.

Examinemos alguns outros tópicos essenciais antes de praticarmos. Inúmeros adultos iniciam os diálogos do Plano B com opiniões definitivas sobre como um determinado problema será resolvido. Não há nada de errado em ter algumas idéias sobre como um problema pode ser solucionado, desde que se lembre de que o Plano B não pode ser 'melindroso' como o Plano A. Quando usa o Plano B, você o faz consciente de que não existe uma solução predeterminada. Um determinado pai que não conseguiu se lembrar disso uma vez disse o seguinte: "Eu não uso o Plano B a menos que eu já saiba como o problema será resolvido". Se você sabe como o problema será resolvido antes mesmo de conversar, você não está usando o Plano B — está empregando o Plano A.

O que é uma solução genial? *É qualquer solução factível (para ambas as partes), realista e mutuamente satisfatória*. Enquanto uma solução não se mostrar factível, realista e mutuamente satisfatória, o problema não será resolvido — o que significa que a equipe de resolução de problemas ainda está tentando encontrá-la.

A primeira tentativa de algumas crianças quando estão procurando uma solução é simplesmente repetir o que elas queriam a princípio (por exemplo, "Eu não vou ao cinema"). Em geral, isso é um sinal de que a criança ainda não está suficientemente capacitada a encontrar soluções satisfatórias para ambas as partes. No entanto, se é seu desejo que diante de um possível problema, em lugar de explodir, seu filho *pense*, a última coisa que desejaria fazer seria lhe dizer que a solução que ele encontrou é péssima. Em vez disso, basta lembrá-lo de que a meta é encontrar uma solução que funcione para ambos, talvez dizendo: "Bem, é uma possibilidade. Porém, essa solução deixaria você feliz — porque desse modo você não precisaria ter medo de ficar assustado —, mas provavelmente não deixaria seu irmão feliz, visto que ele quer muito ir ao cinema. Vamos ver se podemos imaginar algo que possa deixar todos nós satisfeitos". Em outras palavras, não existem soluções ruins — apenas soluções que não são realistas, factíveis ou satisfatórias para ambas as partes.

A propósito, uma solução *mutuamente satisfatória* com certeza será um grande alívio para os adultos que a princípio temem que, ao usar o Plano B, suas inquietações não sejam consideradas. Quando uma solução se evidencia mutuamente satisfatória, isso quer dizer, por definição, que suas inquietações foram consideradas, sim. Desse modo, se para você o Plano A era o único mecanismo por meio do qual os adultos poderiam estabelecer limites, então, você estava errado. Estabelecer limites é *assegurar que suas inquietações sejam consideradas*. Por conseguinte, ao empregar o Plano B, você está do mesmo modo estabelecendo limites. É claro que uma solução mutuamente satisfatória também pode acalmar uma criança explosiva quando suas inquietações são desconsideradas por adultos que estão empregando o Plano A. Se suas inquietações estão sendo levadas em conta com o Plano B — e não estão provocando acessos de raiva em seu filho —, então por que você ainda precisa do Plano A? Talvez você não precise mais.

Os adjetivos *factível* e *realista* são também fundamentais. No Plano B, não há espaço para falsas ilusões.[1] Se a solução ajustada entre você e seu filho é impraticável, não concorde com ela apenas para pôr fim à conversa. A isso chamamos 'adiar uma explosão', não 'resolver um problema'. Do mesmo modo, se você acha que a solução ajustada entre ambos não é praticável para seu filho, não concorde com ela ape-

---

[1] N. da T.: O termo original empregado é *wishful thinking*: ilusão de que o que desejamos é de fato verdadeiro e possível, quando na realidade é falso e impossível.

nas para pôr fim à conversa. Você é o lobo frontal substituto — tenha o cuidado de dar tempo a seu filho para que reflita sobre se de fato consegue fazer o que está sendo combinado. ("Você tem certeza de que consegue fazer o que estamos combinando? Vamos verificar se realmente encontramos uma solução que nós dois podemos pôr em prática.")

Vejamos como ficariam esses três passos como um todo (usando o Plano B Proativo), supondo que as coisas estejam de fato transcorrendo com tranqüilidade (em breve abordaremos os problemas em geral encontrados ao empregar o Plano B):

**Adulto (empatia):** — Eu sei que seu remédio está te causando dor de estômago e que você não está nada contente com isso.

**Criança:** — Aham...

**Adulto (definição do problema; em seguida, convite):** — Eu também não estou muito satisfeita com isso. Acontece que fico preocupada de tirar o remédio de uma vez sem falar com o seu médico. Além disso, parece que o remédio está ajudando você a controlar um pouco melhor seu humor. Vamos ver o que podemos fazer em relação a isso... Você tem alguma idéia?

**Criança:** — Eu não quero tomar meu remédio.

**Adulto:** — Eu sei. Sinto muito por seu remédio estar te dando dor de estômago. Só não quero que pare de tomar seu remédio sem antes saber se seu médico concorda e você piore por esse motivo.

**Criança:** — Você pode telefonar para ele?

**Adulto:** — Já tentei. Ele ainda não retornou a ligação. Mas acho que poderia enviar uma mensagem para ele por e-mail.

**Criança:** — Sim, então faça isso!

**Adulto:** — Acho que provavelmente essa é a melhor idéia. Temos uma consulta com ele na semana que vem. Você acha que conseguiria continuar tomando o remédio e esperar até lá para perguntarmos ao médico o que devemos fazer?

**Criança:** — O remédio está me dando dor de estômago!

**Adulto:** — Está bem. Vou enviar uma mensagem para ele agora. Assim, ele pode nos dizer o que devemos fazer. Mas acho que ele não vai dizer que você pode parar completamente de tomar o remédio de uma hora para outra. Portanto, precisamos estar preparados se ele disser que você deve continuar tomando por mais um tempo. Talvez ele tenha tratado outras crianças que também tiveram dor de estômago ao tomar esse remédio e saberá o que funcionou melhor.

**Adulto (empatia):** — Estávamos planejando um cineminha para hoje à tarde, mas sei que você não deseja ir porque está com medo de que o filme possa assustá-lo.

**Criança:** — Eu não gosto de filmes de terror.

**Adulto (definição do problema, garantia/reconforto, convite):** — Eu sei, e não estou dizendo que você é obrigado a assistir a um filme de terror. A questão é que seu irmão está querendo muito ir ao cinema e eu não posso deixá-lo ir sozinho. Vamos pensar em como podemos resolver isso. Você tem alguma idéia?

**Criança:** — Poderíamos não ir ao cinema.

**Adulto:** — É uma possibilidade. A questão é que, se não formos ao cinema, isso vai deixá-lo bastante satisfeito, mas seu irmão ficará extremamente triste. Vamos ver se conseguimos imaginar uma solução que deixe todos nós satisfeitos.

**Criança:** — Poderíamos assistir a um filme que não seja de terror.

**Adulto:** — Sim, poderíamos. Que tal dar uma olhada na seção de cinema do jornal para ver se está passando algum filme que não seja de terror e que você e seu irmão queiram assistir. Se não conseguirmos encontrar nenhum, mesmo assim poderemos ir ao cinema. Mas você não precisa ter tanto receio de ficar com muito medo do filme. É apenas uma história. Que tal?

**Adulto (empatia, com uma tentativa de esclarecimento):** — Percebi que ultimamente tem sido uma luta para você fazer o dever de casa. Mas não sei bem o motivo. O que está havendo em relação ao dever de casa?

**Criança:** — Está muito difícil para mim.

**Adulto (empatia refinada e outra tentativa de esclarecimento):** — Está muito difícil para você. Você está encontrando dificuldade em alguma parte específica?

**Criança:** — Na redação. Na escola, eles não me fazem escrever tanto quanto você faz.

**Adulto (empatia refinada):** — Ah, a redação é difícil para você e eu o faço escrever mais do que eles pedem na escola.

**Criança:** — Sim.

## Plano B

**Adulto (definição do problema):** — Eu não sabia que eles não faziam você escrever tanto na escola. Acho que estou preocupada apenas com o fato de que, se não praticar bastante, talvez você nunca supere essa dificuldade.

**Criança:** — Eu pratico redação na escola. Mas o dever de casa é mais para praticar ortografia!

**Adulto (garantia/reconforto, mais convite):** — Eu não estou dizendo que você é obrigado a praticar redação em casa. Só quero garantir que você exercite a escrita tanto quanto necessita. Vamos ver o que podemos fazer em relação a esse problema. O que você acha?

**Criança:** — Eu já faço muitos exercícios de redação na escola!

**Adulto:** — Sim, isso é o que você acha. Mas eu imagino que o melhor seja praticar redação com você em casa também. Assim você ficaria bem craque nisso. Apesar de que não tenho conversado com sua professora ultimamente. Portanto, para dizer a verdade, não sei muito bem se devo praticar redação com você em casa ou outra matéria.

**Criança:** — Então, converse com a professora e pergunte a ela!

**Adulto:** — Estou começando a achar que essa é uma ótima idéia. Você não teria que praticar além do necessário — se assim ela disser — e eu teria certeza de que você está praticando o suficiente. Essa solução está boa para você?

**Criança:** — Sim.

**Adulto:** — Está perfeita para mim, também. Valeu, amigão.

É verdade, o Plano B normalmente não é fácil, em especial no começo. Por exemplo, às vezes as crianças (e mesmo os adultos) ficam muito irritadas com o Plano B. Como observado antes, alguns momentos isso ocorre porque experiências passadas lhes mostraram que os desacordos são sempre contornados por meio do Plano A. Pode levar algum tempo (e muito treinamento no Plano B) para que as reações de cólera da criança diante de divergências de opinião sejam apaziguadas. Mas examinemos como seria se a irritação da criança aumentasse no início do processo do Plano B (e quando um problema previsível que ainda tivesse de ser resolvido fosse tratado emergencialmente em vez de proativamente). Observe que os passos são os mesmos, mas que a irritação da criança é maior. Mantenha-se firme o máximo que agüentar.

**Mãe:** — Davis, está na hora de ir para a aula de natação.

**Davis (brincando de Lego na mesa da cozinha):** — Eu não vou. Detesto natação.

**Mãe (nesse momento, usando o Plano B de Emergência):** — Davis, temos um problema, porque seu irmão também tem aula de natação e eu não posso deixar você sozinho em casa.

**Davis:** — Não me importa! Eu não vou!

**Mãe:** — Precisamos encontrar uma forma de resolver isso. Você não quer ir à aula de natação, mas eu preciso levar...

**Davis (batendo o punho na mesa, enrubescido):** — QUANTAS VEZES EU TENHO QUE DIZER?! EU ODEIO NADAR! EU NÃO VOU! SUMA DAQUI!

**Mãe:** — Davis, eu não disse que você é obrigado a ir à aula de natação. Eu disse que temos de encontrar uma forma de resolver isso. É diferente.

**Davis:** — Estou cansado de tentar encontrar solução pra tudo. SE VOCÊ NÃO CALAR A BOCA, EU TE MATO!

**Irmão de Davis:** — Mamãe, eu vou me atrasar para a aula!

**Mãe, ao irmão:** — Alden, você poderia pegar minha bolsa? Acho que está no meu quarto.

**Mãe, a Davis (garantia/reconforto, mais convite):** — Davis, eu não estou afirmando que você é obrigado a ir à aula de natação. Estou apenas tentando imaginar como podemos levar seu irmão à aula de natação sem que eu tenha de deixá-lo sozinho em casa. Você tem alguma sugestão?

**Davis:** — Não.

**Mãe:** — Acho que tenho uma idéia. Você gostaria de ouvir?

**Davis:** — Tudo bem!

**Mãe:** — Você pode levar o Lego com você e montá-lo lá enquanto seu irmão faz a aula?

**Davis:** — As peças vão desmontar. Eu não quero ir.

**Mãe:** — Eu compreendo que você não queira ir. Eu não estou dizendo que você tem de fazer a aula de natação. Mas eu não posso deixá-lo sozinho em casa. A única solução que encontro para resolver isso é você vir comigo e levar o Lego com você. Se você tiver outra idéia, gostaria de ouvir.

**Davis:** [sem resposta]

**Mãe:** — O que você acha?

## Plano B

**Alden (de volta com a bolsa da mãe):** — Eu vou me atrasar!

**Davis, ao irmão:** — CALE A BOCA, BABACA!

**Alden:** — Não, cale a boca você!

**Mãe, a Alden:** — Alden, vá e me espere na porta da frente, já!

**Alden:** — Ele me disse para calar a boca!

**Mãe:** — Eu ouvi o que ele disse a você. Isso não foi nada legal. Agora, vá e me espere na porta.

**Mãe, a Davis:** — Davis, a única solução que encontro para resolver isso é você vir comigo e levar o Lego com você. Se tiver outra idéia, gostaria de ouvir.

**Davis (começando a preparar o Lego para sair):** — Eu não vou fazer a aula de natação, então não tente me convencer. Está vendo? Eu não disse que as peças iam desmontar?

**Mãe (tentando resolver esse novo problema):** — Vamos ver como podemos transportar o Lego sem desmontar as peças. Obrigada por tentar resolver esse problema.

**Davis:** — Eu não estava tentando resolver.

**Mãe:** — Bem, de qualquer forma, você se saiu bem.

O problema da aula de natação foi resolvido consistentemente? Ainda não. Esse problema deveria ser tema do diálogo do Plano B Proativo no prazo de alguns dias após esse evento e ser resolvido de uma vez por todas.

Há muito mais a ser abordado sobre o Plano B, mas já há muitas informações para digerir. Depois que os adultos lêem pela primeira vez a respeito desses planos, em geral eles costumam formar instantaneamente concepções errôneas. Portanto, é necessário esclarecer alguns pontos para que não causem nenhum problema.

Inúmeras pessoas acreditam erroneamente que o modelo RCP requer que elas ignorem todas as suas expectativas a fim de diminuir os acessos de raiva dos filhos. Elas dizem mais ou menos o seguinte: "Espera aí, deixe-me entender direito. Eu devo renunciar a todas as minhas expectativas para que meu filho nunca mais tenha acessos de raiva?". Errado. Totalmente errado. Manter as expectativas é excelente, especialmente as realistas. O modelo RCP na verdade requer que os adultos (1) ponderem sobre se, dada a questão com a qual eles estão lidando, suas expectativas em relação ao filho são de fato realistas; (2) avaliem se algumas expectativas precisam ser desconsideradas (pelo menos na ocasião em questão) para que assim a criança tenha maior 'disposição' para discutir e resolver problemas mais urgentes; e (3) comecem a reagir às expectativas não atendidas por meio do Plano B, supondo que o Plano A não tenha produzido exatamente o resultado necessário.

Inúmeras pessoas também acreditam que os planos são um sistema de categorização de expectativas. Veja um exemplo: "Então, o Plano A se resume às coisas que de fato acredito que sejam importantes e me preocupam. E o Plano B se resume às coisas que eu determino se são ou não importantes e me preocupam. E o Plano C se resume às coisas que não são importantes e não me preocupam nem um pouco. É isso?". Não. *Os planos não são um sistema de classificação.* Cada plano representa uma maneira distinta de reagir a expectativas não atendidas. Com o Plano A, você está impondo sua vontade e aumentando sobremaneira a probabilidade dos acessos de raiva. Com o Plano C, você está renunciando completamente às suas expectativas, pelo menos por algum tempo. E com o Plano B, você está discutindo e tentando encontrar soluções realistas, factíveis e mutuamente satisfatórias.

Alguns pais acreditam erroneamente que o Plano B seja a *média* entre os Planos A e C. Não é bem assim. Antes de tomar conhecimento do Plano B, muitos pais acham que eles têm apenas duas opções: impor sua vontade (Plano A) ou renunciar às suas expectativas (Plano C). *Se você estiver utilizando somente os Planos A e C, na verdade está nada mais nada menos que escolhendo em que campo de batalha vai lutar.* Contudo, combinar essas duas opções não o faz se aproximar mais da resolução colaborativa e consistente de problemas com seu filho.

Concluindo, algumas pessoas pensam que o Plano B deveria funcionar como um toque de mágica. O Plano B não é mágico. É um trabalho que depende do empenho de duas pessoas (você e seu filho) para trazer à tona suas inquietações e pensar em conjunto numa solução para o problema que já há um longo tempo vem provocando os acessos de raiva e as atitudes hostis. Determinados problemas não são resolvidos apenas com diálogo. Às vezes, a atmosfera pega fogo no Plano B e é necessário que os envolvidos dêem um tempo ("Acho que vamos começar a nos indispor um com o outro, esse não era o objetivo dessa discussão. Talvez seja melhor interrompermos nossa conversa por algum tempo e voltarmos a conversar mais tarde"). E outras vezes a primeira solução do Plano B não é eficaz. Isso não é motivo para abandonar o barco. É apenas um sinal de que a solução que ambos imaginaram que cumpriria a missão na realidade falhou (um cenário razoavelmente comum na vida humana!). A maioria das soluções consistentes deriva de soluções anteriores que não produziram inteiramente os efeitos desejados.

Entretanto, no começo deste capítulo, foi-lhe atribuída a responsabilidade de fazer uma lista dos problemas que habitualmente estão frustrando seu filho. Essa é uma lista de 'problemas que ainda precisam ser resolvidos'. Agora, vamos lhe atribuir outra tarefa. *Selecione um ou dois desses problemas e tente empregar o Plano B Proativo com seu filho, num momento apropriado.* Se tudo sair a contento, ótimo. Se não, preste atenção especial aos capítulos 7 e 8.

Você precisa de um breve resumo das informações que acabou de obter? Vamos lá:

- ■ Você tem três opções para reagir aos problemas e às expectativas não atendidas: impor sua vontade (Plano A); renunciar completamente às suas expectativas (Plano C); e tentar encontrar uma solução realista, factível e mutuamente satisfatória (Plano B).
  - • Com o Plano A, embora persiga suas expectativas, aumenta enormemente a probabilidade dos acessos de raiva.
  - • Com o Plano C, embora esteja eliminando a possibilidade dos acessos de raiva, não vai ao encalço de suas expectativas.
  - • Com o Plano B, você diminui a probabilidade dos acessos de raiva e luta por suas expectativas.
- ■ Qualquer expectativa não atendida que possa ser correspondida por meio do Plano A também pode ser correspondida por intermédio do Plano B. Em outras palavras, você está estabelecendo limites com o Plano A e está estabelecendo limites com o

- Plano B, mas de uma maneira bem diferente em cada caso. Você não perde autoridade usando o Plano B, de forma alguma.
- O Plano B é composto de três passos: empatia (mais garantia/reconforto), definição do problema e convite. Se não seguir esses três passos nessa seqüência, não está utilizando o Plano B. Se houver duas inquietações em pauta, você está empregando o Plano B. Além disso, tenha o cuidado de verificar se de fato estão em pauta duas inquietações, não duas soluções. Do contrário, o problema não será resolvido.
- O Plano B tem dois formatos: Plano B de Emergência e Plano B Proativo. Os diálogos calmos e ponderados são normalmente mais difíceis com o B de Emergência porque a criança fica mais irritada; com o B Proativo, a probabilidade de encontrar soluções mais consistentes é maior.
- Executar com habilidade o Plano B não é fácil. E leva tempo para dominá-lo. Quanto mais você praticar, mais fácil ele se tornará. Você não pode empregar o Plano B duas ou três vezes e logo substituí-lo por sua forma habitual de lidar com os problemas. Não se trata de uma técnica; é um modo de vida.
- Inúmeros fatores podem interferir no sucesso do Plano B. Dessa maneira, não se desestimule se as coisas não fluírem facilmente no início. Não é possível solucionar uma deficiência de leitura em uma semana. Tampouco é possível solucionar essa deficiência de aprendizagem — ou o hábito de reagir a seu filho com o Plano A — em uma semana.

Vamos finalizar este capítulo com alguns outros exemplos do Plano B de Emergência antes de começarmos a discutir mais aprofundadamente o Plano B e outros exemplos do Plano B Proativo.

## UM DRAMA NA VIDA REAL

### Mickey, Minnie... ou um colapso emocional?

Você se lembra do garoto Paul, apresentado no Capítulo 4? Ele, seus pais e sua irmã fizeram uma viagem à Disneylândia. O primeiro dia transcorreu maravilhosamente bem. Eles estavam bastante *cansados\** e *famintos\** quando *saíram\** de um dos parques para voltar

## Plano B

para o hotel em que estavam hospedados. (Os asteriscos servem para designar alguns desencadeadores bem conhecidos: fadiga, fome e transições.) Naturalmente, esse cenário teve implicações mais sérias para Paul do que para sua irmã. Assim que atravessaram o portão de saída, Paul verbalizou este pedido ameaçador: "Eu quero algodão-doce".

"Você não pode comer algodão-doce agora porque já saímos do parque e aqui fora não tem nada para vender. Além disso, entrar novamente no parque não é nada fácil", disse a mãe instintivamente.

Paul de repente ficou completamente imóvel. "Eu quero algodão-doce!", gritou bem alto.

Os pais trocaram um olhar. Eles já estavam bem treinados para tomar decisões rápidas a respeito do plano que gostariam de usar e para contemplar suas três opções. O Plano A não faria mais que provocar um prolongado acesso de raiva. Não havia nada a ganhar com ele. Restavam apenas o Plano B Emergencial e o Plano C. Voltar ao parque para procurar algodão-doce seria complicado, e eles não queriam que Paul comesse mais nenhum doce para jantar melhor. Portanto, o Plano C não seria ideal porque eles de fato tinham uma preocupação para colocar em pauta.

— Paul, vamos deixar o algodão-doce para outra hora. Estamos todos muito cansados agora. E você também — disse a mãe, abrindo mão da empatia de baixo risco.

— Eu quero algodão-doce! — disse ele, já quase no ponto máximo de irritabilidade.

O pai já logo lançou mão de uma empatia de baixo risco e tentou esclarecer a inquietação de Paul.

— Você quer algodão-doce! — disse ele. — O que está havendo?

— Eu quero algodão-doce! — reiterou Paul.

Talvez não houvesse nada a esclarecer.

— Acho que precisamos encontrar uma forma de solucionar isso, Paul — disse o pai calmamente. — Você quer algodão-doce, nós queremos voltar para o hotel para comer algo melhor. Você consegue imaginar uma boa solução para isso?

— Não! — respondeu ele, fazendo bico, cruzando os braços, ainda extremamente irritado.

— Bem, vamos pensar mais um pouco sobre isso — disse o pai, agachando-se perto do filho. — No caminho para o hotel, poderíamos ver se há alguém vendendo algodão-doce... ou poderíamos apenas esperar até amanhã, quando visitaremos outro parque, para comprar algodão-doce... ou, então, poderíamos comprar alguma coisa mais fácil de achar para você beliscar antes da janta. Você saberia dizer se há alguma outra coisa que gostaria de comer no caminho para o hotel, sem ser o algodão-doce?

— Eu quero algodão-doce! — choramingou ele, mas seu tom dava a entender que estava retomando devagar sua sensatez.

— Bem, eu não estou dizendo que você não pode comer algodão-doce, mas é complicado voltar ao parque e não quero fazer isso. Poderíamos ver se há alguém vendendo algodão-doce no trajeto para o hotel — disse o pai. — Isso está bom para você?

Paul começou a andar em direção ao carro.

— Eu também posso comer algodão-doce? — perguntou a irmã de Paul.

— Seja o que for, você também poderá comer — respondeu a mãe, tentando se controlar.

Já no carro, a família passou uns dez minutos sem desgrudar o olho da janela, procurando no horizonte algum vendedor de algodão-doce. A capacidade de Paul de pensar racionalmente retornou de modo gradual. Havia ainda um pequeno problema, é claro: eles não haviam encontrado nenhuma loja que vendesse algodão-doce. Já que Paul até certo ponto parecia ter recobrado a capacidade de raciocinar de forma sensata, o pai achou que ele conseguiria lidar com a má notícia sem ter um colapso nervoso.

— Ei, pessoal, eu não estou vendo ninguém vendendo algodão-doce — disse o pai. — Mas há um *McDonald's* logo ali na frente, será que poderíamos ver se há algo gostoso para beliscar lá? Talvez batata frita?!

— Oba! McDonald's!" — exclamou Paul.

— Ei, vocês dois... não se esqueçam de que é apenas um petisco — disse a mãe.

Paul entrou correndo na loja, comeu suas batatas e acabou comendo razoavelmente bem no jantar quando chegaram ao hotel.

Se os pais tivessem decidido contornar o problema do algodão-doce com o Plano A, provavelmente teriam aturado outro longo acesso de raiva. Se tivessem decidido lidar com o problema usando o Plano C, teriam voltado ao parque para procurar algodão-doce. Ao decidirem usar o Plano B, evitaram um acesso de raiva em decorrência de um problema significativo. Paul até comeu alguns alimentos que os pais queriam que ele comesse. Além disso, todos eles — os pais, Paul e a irmã — tiveram oportunidade de praticar um pouco mais a resolução colaborativa de problemas. Eles tiveram sensibilidade em relação à questão com a qual estavam lidando e, sem dúvida, mantiveram sua autoridade.

## DRAMA NA VIDA REAL

### Será que 'a ficha está começando a cair'?

Você se lembra de Helen, a garota que queria macarrão com queijo em vez de *chili*, no Capítulo 4? Numa determinada noite, Helen decidiu de alguma forma que queria fazer o dever de casa sentada sobre a 'saída de ar quente' na cozinha. Seu pai não concordou com isso. Esse desentendimento sem importância — que nunca antes havia se mostrado — teria sido capaz de fazer com que Helen interrompesse e não concluísse de jeito nenhum o dever de casa, provocando um prolongado acesso de raiva.

— Helen, eu não quero que você faça o dever de casa sentada sobre a saída de ar quente— disse o pai.

— Mas eu quero — choramingou a filha.

— Helen, eu quero que você volte para a mesa e faça seu dever aqui — ordenou o pai, nesse momento usando o Plano A.

— Eu quero me sentar aqui! — disse ela, choramingando com maior fervor.

O pai começa a cair em si. Continuar com o Plano A, renunciar usando o Plano C ou empregar o Plano B de Emergência? Mais que rapidamente se lembrou de que haveria pouco a ganhar se não trouxesse à tona a inquietação da filha. Na verdade, ele nem sabia qual era a inquietação dela! Tampouco a sua! Portanto, começou a usar a empatia.

— Helen, você quer sentar sobre a saída de ar quente. O que está havendo?
— É mais quente — explicou ela.
— Você quer se sentar sobre a saída de ar porque é mais quente.

Nesse momento, o pai tinha de pensar seriamente em sua preocupação (se de fato tivesse alguma) e se estava disposto a colocá-la em pauta. Se chegasse à conclusão de que não tinha nenhuma, com certeza teria de escolher o Plano C.

— Eu não quero que as folhas se espalhem pelo chão. Vamos ver se podemos achar uma solução. Você tem alguma idéia?
— Não, eu quero me sentar aqui — disse ela, fazendo bico.
— Ah, mas deve haver uma maneira de solucionar esse problema — estimulou o pai. — Já passamos por problemas mais difíceis do que este. Vamos pensar em algo — encorajou ainda mais.
— Que tal eu fazer meu dever sobre a saída de ar quente hoje à noite e na mesa da cozinha amanhã à noite? — sugeriu ela voluntariamente.
— Bem, é uma possibilidade, mas ainda assim os papéis poderiam se espalhar pelo chão hoje à noite — disse o pai. — Será que você não teria outra idéia que pudesse deixar nós dois felizes?
— Não, é isso e acabou! — reagiu Helen.
— Deve haver alguma forma de você não sentir frio e os papéis não se espalharem pelo chão — disse o pai. — Eu tenho algumas idéias. Você gostaria de ouvi-las?
— Hum... Tá bom.
— Poderíamos aumentar a temperatura do ar para que você não sinta frio... ou você poderia colocar um agasalho... ou, então, poderíamos encontrar uma solução para que os papéis não se espalhem pelo chão. Alguma dessas idéias é adequada e satisfaz você?
— Acho que podemos aumentar a temperatura — disse Helen.
— Então vamos aumentar a temperatura para você não ficar com frio e não precisar se sentar sobre a saída de ar quente?
— Tá bom.

## Plano B

— Você quer que eu te ajude a levar seus objetos para a mesa?

— Não, só quero que você aumente a temperatura — disse Helen.

— Você se saiu muito bem tentando resolver esse problema — disse o pai.

Na consulta seguinte com o terapeuta da família, o pai precisou obter alguma garantia.

— Receio que estejamos ensinando a Helen que ela nunca precisa nos dar ouvidos. Não acho que isso seja um bom sinal para acontecimentos futuros.

— Como assim? No presente, ela não está fazendo o que vocês dizem para ela fazer?

— Não, na verdade ela em geral faz o que pedimos — explicou ele. — Fico preocupado com que ela pense que basta reagir com um acesso de raiva para conseguir o que deseja.

— Você tem usado o Plano B já há alguns meses. Ela está tendo menos ou mais acessos de raiva? — perguntou o terapeuta.

— Muito menos — respondeu o pai, sorrindo.

— Ela está correspondendo 'mais' ou 'menos' às suas expectativas? — perguntou o terapeuta.

— Mais — respondeu o pai.

— Você está tendo que gritar bem menos, não está?

— Sim.

— Como anda a relação entre você e Helen ultimamente?

— Bem melhor. Helen sempre foi uma criança afetuosa. Mas nós estávamos brigando tanto que, até algumas semanas atrás, quando chegava do trabalho, ela mal percebia minha presença. Nas duas últimas semanas, quando chego do trabalho, ela pára de fazer o que está fazendo imediatamente e me dá um abraço bem apertado.

— Acho que estamos indo bem — disse o terapeuta.

— Mas o que me diz da realidade do mundo lá fora? — perguntou o pai.

— O que isso tem a ver? — perguntou o terapeuta.

— O mundo real não tem Plano B ou pessoas sempre tentando nos compreender — disse o pai.

— Eu não acho que se você se opuser a ela todo tempo vai ajudá-la a viver no mundo real. Entretanto, acho que ajudar Helen a se manter suficientemente calma para pensar com clareza no meio de uma frustração vai ajudá-la muito mais no mundo real. Se você parar para pensar nas exigências do mundo real, verá que inúmeras delas têm mais a ver com a resolução de disputas e desentendimentos do que com respeito à autoridade.

# Capítulo 7
# Curvas de aprendizagem

No Capítulo 6, você conheceu três opções para lidar com algum problema ou expectativa não atendida e obteve várias informações sobre uma opção em particular: o *Plano B*. Além disso, foi-lhe atribuída uma tarefa: (1) elaborar uma lista dos desencadeadores que normalmente estão provocando acessos de raiva em seu filho; e (2) começar a resolver os problemas por meio do Plano B Proativo.

Como foram suas primeiras experiências com o Plano B? Se sua resposta for "Melhores do que eu esperava", maravilha. Agora, resta saber se a solução ajustada no Plano B resiste ao teste do tempo. (Se a solução não for adequada para solucionar o problema permanentemente, você logo ficará sabendo. Nesse caso, você terá de reaplicar o Plano B para descobrir o motivo e encontrar uma solução mais realista, factível e mutuamente satisfatória do que a primeira.) E assim que achar que o momento é oportuno, passe para o problema seguinte de sua lista.

Porém, se sua resposta for "Minhas primeiras experiências foram absolutamente péssimas", não se desespere. No último capítulo, os vários fatores que poderiam pôr o Plano B a perder são examinados. Dentre eles, destacamos os seguintes:

- *Talvez você esteja se fiando muito no Plano B de Emergência.* Lembre-se de que os acessos de raiva são, em sua maioria, previsíveis e que, portanto, devem ser controlados por meio do Plano B Proativo. Com o Plano B de Emergência, a irritação aumenta e, desse modo, as vantagens diminuem.

- *Talvez você esteja empregando o Plano B como último recurso.* Você não deve empregar o Plano B quando em desespero de causa. Além disso, não pode mudar para o Plano B quando seu filho estiver prestes a ter um acesso de raiva.
- *Talvez você esteja colocando em pauta as soluções em vez de as inquietações.* Não se esqueça de que o problema só será resolvido se conseguir trazer à tona duas inquietações extremamente específicas.
- *Talvez você esteja iniciando os diálogos do Plano B tendo na manga soluções predeterminadas.* Não há nenhum problema em ter alguma noção sobre como um problema poderá ser resolvido, mas se já souber quais são as soluções antes mesmo de começar a conversar com seu filho, isso significa que está utilizando o Plano A, não o Plano B.
- *Talvez você esteja admitindo soluções não realistas, não factíveis e não mutuamente satisfatórias.* É melhor continuar conversando do que concordar com uma solução que mais dia menos dia provocará um acesso de raiva.
- *Talvez você esteja achando que ainda não tem muita habilidade para usar o Plano B — o que o faz empregar o Plano C com maior freqüência — e que suas inquietações não estão sendo levadas em conta com o Plano C.* Ninguém executa o Plano B de olhos fechados logo no começo. Você e seu filho ganham experiência juntos.
- *Talvez você esteja sentindo que ainda não tem muita habilidade para empregar o Plano B e ainda está usando muito o Plano A.* Lembre-se de que o primeiro passo do Plano B é a empatia (não a palavra 'não'). Depois, realize os dois passos restantes.

Vale ressaltar que normalmente as coisas não saem bem com o Plano B porque não seguimos a ordem ou deixamos escapar os passos prescritos. Você só terá certeza de que está usando o Plano B se estiver seguindo os três passos na seqüência recomendada:

1. *Empatia (mais garantia/reconforto)*
2. *Definição do problema*
3. *Convite*

Talvez você esteja saltando algum dos passos. Examinemos mais detalhadamente cada um deles.

## EMPATIA

Se você se esquecer do passo da empatia, seu filho vai pensar que está usando o Plano A. Por quê? Porque você está colocando sua inquietação em primeiro lugar e porque essa atitude geralmente significa que você está querendo impor sua vontade. A empatia mantém seu filho calmo, traz à tona a inquietação dele e o faz se lembrar de que você está tentando lidar com os problemas de uma maneira diferente.

Num determinado dia, a mãe de uma criança explosiva entrou no consultório de seu terapeuta com uma queixa familiar.

— O Plano B não está funcionando — disse ela.

— Me conte o que está ocorrendo — disse o terapeuta.

— Bem, explicou a mãe —, na terça-feira, disse a Jeremy que queria muito que ele fizesse o dever de casa antes da aula de caratê e perguntei como poderíamos resolver esse problema.

— Sua preocupação, portanto, era a de que ele não fizesse o dever antes da aula de caratê, não é isso? — perguntou o terapeuta.

— Isso mesmo. Eu sei muito bem que, quando ele não faz o dever antes da aula de caratê, não o faz mais, porque sempre quando voltamos da aula ele está muito cansado.

— Isso faz sentido — disse o terapeuta. — Mas você estava tentando encontrar uma solução com ele para o que exatamente?

— O que nós estávamos tentando resolver? — perguntou a mãe, meio confusa. — O que seria melhor para que ele fizesse o dever antes da aula de caratê.

— Qual era a inquietação de Jeremy? — perguntou o terapeuta.

— A inquietação dele? — perguntou a mãe, ainda confusa.

— Sim, até agora você só me falou de sua inquietação, isto é, que temia que ele não fizesse o dever de casa, e de sua solução, que ele fizesse o dever antes da aula de caratê. Qual era a inquietação dele?

— Eu não sabia que ele tinha uma inquietação — respondeu a mãe.

— Acho que isso ocorreu porque você pulou o primeiro passo do Plano B... a empatia — disse o terapeuta.

— Eu sabia que estava fazendo algo errado! — disse a mãe.

— Ninguém se sai muito bem no começo! — disse o terapeuta. — O que aconteceu quando você lhe disse qual era sua inquietação e o convidou para resolver o problema?

— Ele começou a gritar — respondeu a mãe.

— Pelo que estou vendo, tudo indica que ele tinha uma inquietação — afirmou o terapeuta. — O problema é que, quando você omite o passo da empatia e já parte logo para a sua inquietação, ele pensa que você está usando o Plano A.

— Então, o que eu deveria ter falado? — perguntou a mãe.

— Bem, você tem alguma idéia do que pode estar preocupando seu filho em relação a fazer o dever de casa antes da aula de caratê? Ele já manifestou essa preocupação alguma vez?

— Ah, isso acontece sempre — respondeu a mãe. — Ele diz que precisa de um tempo de descanso antes de fazer o dever.

— Mas por que ele precisa desse tempo de descanso? — perguntou o terapeuta.

— Bem, ele fica na escola quase o dia todo. Isso é o que ele diz. Para lhe dizer a verdade, não sei ao certo quanto ele tem de fato se dedicado na escola. De qualquer forma, ele sempre parece estar bastante disposto para a aula de caratê...

— Mas acho que isso faz algum sentido, porque, se ele passa seis horas na escola, com certeza precisa de um tempo de descanso antes de se atracar logo com o dever de casa — disse o terapeuta. — Me parece uma inquietação legítima, se de fato for essa a inquietação dele.

— Acho que sim — admitiu a mãe.

— Então, vamos ver o que poderia ocorrer se você tivesse usado a empatia — disse o terapeuta. — O que você poderia ter dito, se quisesse iniciar o Plano B usando a empatia? Vamos supor que você estivesse usando o Plano B Proativo.

— Hum... você quer dizer que eu deveria perguntar algo do tipo "Você fica cansado quando chega da escola?" — disse a mãe, espontaneamente.

— É um bom começo — disse o terapeuta. — Após a empatia, você pode colocar em pauta sua inquietação. Desse modo você terá de fato um problema para resolver, percebe? Lembre-se de que você só terá um problema para resolver quando estiverem em pauta duas inquietações.

— Como isso é difícil! — disse a mãe.

— Você precisa de algum tempo para se familiarizar. Mas não queremos que você fique à parte e não tenha a chance de usar a vantagem que a empatia oferece. Ela mantém seu filho calmo e traz à tona a inquietação dele.

— Então, como poderíamos ter resolvido esse problema? — perguntou a mãe.

— Eu não sei ao certo como vocês poderiam ter resolvido esse problema no final das contas. Isso é entre vocês dois. Mas não tenho nenhuma dúvida de que as possibilidades são inúmeras. É claro que não conseguiremos ver com nitidez quais são essas possibilidades se não usarmos o Plano B. Por que você não conversa com ele usando o Plano B Proativo no decorrer desta semana e observa se ele tem alguma sugestão para resolver esse problema de uma vez por todas antes que tudo ocorra novamente?

## DEFINIÇÃO DO PROBLEMA

Você pode até achar que este passo normalmente é omitido pelo fato de os adultos em geral não saberem quais são suas inquietações. A realidade é que os adultos geralmente não sabem quais são suas inquietações — eles têm na ponta da língua as soluções. Para dizer a verdade, existem por aí adultos que realmente nunca pararam para pensar em suas inquietações. Isso é bastante comum.

Um garoto de 10 anos passara seus dois meses de férias em um acampamento. A terapeuta da família já havia lhes adiantado que todos ficariam muito mais felizes quando voltassem para a primeira sessão após as férias do filho (visto que eles ficariam dois meses sem se ver). Entretanto, não foi bem isso o que ocorreu. Na verdade, quando entraram em seu consultório para a primeira sessão, os três estavam furiosos.

— O que houve? — perguntou a terapeuta, sem se dirigir a ninguém em especial, pois os três estavam juntos.

— Eles não vão devolver o meu dinheiro — disse o garoto, fervilhando.

— Que dinheiro? — perguntou a terapeuta.

— Eles colocaram dois meses de mesada na cantina do acampamento para que eu tivesse dinheiro para gastar lá — resmungou o garoto. Eu não gastei todo o dinheiro. AGORA EU QUERO MEU DINHEIRO DE VOLTA!

Essa inquietação parecia ser bem peculiar, de modo que a terapeuta virou-se para o pai e lhe perguntou:

— O que o senhor acha?

— Só por cima do meu cadáver — contestou o pai.

A terapeuta tentou então imaginar que plano o pai tinha em mente ao usar "Só por cima do meu cadáver". Logo concluiu que o pai estava usando o Plano A. Diante dessa constatação, tentou ajudá-lo a expressar sua preocupação mais claramente.

— Qual é sua inquietação em relação a isso, sr. Tony?
— Ele simplesmente não receberá seu dinheiro de volta! — disse o pai.

BUM!. Os dez minutos que se seguiram foram praticamente terríveis. Por fim, a terapeuta conseguiu convencer o garoto a sair do consultório. Olhou então para o pai, fazendo-lhe uma pergunta decisiva:

— Suponho que o senhor esteja usando o Plano A, correto?
— O que a fez deduzir isso? — respondeu o pai, um tanto confuso.
— Bem, se o senhor estivesse usando o Plano B, teria tentado resolver o problema. E se estivesse usando o Plano C, simplesmente lhe teria devolvido o dinheiro — explicou a terapeuta. — O senhor disse "Só por cima do meu cadáver", o que, para mim, é o mesmo que dizer "Não".
— Ah, eu não estou preocupado em lhe devolver o dinheiro — defendeu-se o pai.
— Então, qual é a sua preocupação? — perguntou a terapeuta.
— Minha preocupação? O que você quer dizer com "minha preocupação"?
— Sua preocupação, quer dizer, o que o faz dizer "Só por cima do meu cadáver".
— Eu não gostei do tom de voz que ele estava usando — disse o pai.
— Será que Kim sabe que é essa a sua inquietação? — perguntou a terapeuta.
— Eu não sei — respondeu o pai. — Por quê?
— Porque, se o senhor não apresentar sua inquietação, ou se ela não estiver suficientemente clara, Kim não conseguirá ter a mínima idéia do problema que vocês estão tentando resolver, nem mesmo vocês.

## CONVITE

Os adultos em geral se esforçam ao máximo para transpor os dois primeiros passos do Plano B e, portanto, trazer à tona duas inquietações. Contudo, logo impõem uma solução e acabam se vendo diante de um acesso. (Como diz a música, "Tão perto, tão perto, mas ao mesmo

## Curvas de aprendizagem

tempo tão distante"[1]) Às vezes, isso se deve ao fato de os adultos ainda não terem se dado conta de que a criança talvez tenha capacidade para imaginar uma solução realista, factível e mutuamente satisfatória; porém, na maioria das vezes, isso se deve a um mau hábito.

Num determinado dia do mês de abril, a mãe de Charles, um garoto de 9 anos, chegou extremamente exasperada ao consultório do terapeuta da família.

— O que houve? — perguntou o terapeuta.

— Meu filho simplesmente teve uma crise dentro do carro — respondeu ela.

— Por que motivo?

— Ele quer que eu compre uma nova bicicleta para ele — explicou. — Você pode acreditar? Um ataque por causa de uma bicicleta, sendo que a dele ainda está boa?

— Imagino — disse o terapeuta. — Por que ele teve um ataque por causa disso?

— Ele quer a bicicleta hoje — disse ela — e eu não tenho tempo nem dinheiro para comprá-la nesse momento.

— Então, na verdade, você não se opõe à vontade dele de querer uma nova bicicleta — disse o terapeuta.

— Não, ele pode querer uma bicicleta nova, claro — respondeu ela. — Até tentei resolver esse problema com ele.

— É mesmo? E qual foi a solução? — perguntou o terapeuta, mostrando-se esperançoso.

— Eu lhe disse que compraria a bicicleta mais para a frente, em junho — respondeu ela.

— Junho? — perguntou o terapeuta.

— Junho — confirmou. — Eu lhe disse que poderia comprar a bicicleta em junho.

— Mas por que você disse junho? — perguntou o terapeuta.

— Sei lá, foi o que me veio à cabeça na hora — respondeu ela.

— Hum, acho que você se esqueceu de um passo — explicou o terapeuta.

— O que você quer dizer com isso? — perguntou ela.

— Bem, você tem em pauta duas inquietações: ele quer a bicicleta hoje e você não tem tempo nem dinheiro para comprá-la nesse momento. Porém, você na verdade não o convidou para tentar resolver esse problema colaborativamente.

---

[1] N. da T.: Trata-se da música *My Eyes Adored You*, de Bob Crewe e Kenny Nolan, originalmente gravada por Frankie Valli (vocalista do grupo *Four Seasons*): "So close, so close, and yet so far away".

— Que solução teria sido boa? — perguntou a mãe.

— Isso quem tem que decidir são vocês dois — respondeu o terapeuta. — Uma solução realista, factível e mutuamente satisfatória. A reação de Charles nos demonstra que sua solução não foi satisfatória para ambos.

— Você acha que ele consegue fazer isso? — perguntou a mãe.

— Já o vi fazer isso antes — respondeu o terapeuta. — Mas vamos pedir para Charles entrar e ver como reage — instruiu ele.

Charles entrou no consultório.

— Fiquei sabendo que você quer uma bicicleta nova — disse o terapeuta.

— É, mas ela só vai poder comprar para mim em junho — queixou-se ele.

— Acho que sua mãe está disposta a encontrar uma solução para esse problema — disse o terapeuta.

— Mas foi essa a solução! — reclamou ele.

— Não, acho que sua mãe de fato está disposta a encontrar uma solução para isso — disse o terapeuta. — Charles, você quer um nova bicicleta hoje e sua mãe não tem tempo nem dinheiro para comprá-la exatamente nesse momento. Você tem alguma idéia para resolver esse problema?

**Charles pensou por um instante nas possibilidades, mas ficou um pouco agitado.**

— Não consigo encontrar uma maneira de resolver isso! — disse ele, contorcendo-se no divã.

— Se você precisar de minha ajuda para tentar descobrir uma maneira, tenho satisfação em ajudá-lo — disse o terapeuta. — Você consegue ter alguma idéia?

— NÃO! — gritou ele. — Que tal em maio? — suplicou ele, desesperado.

— Maio poderia ser uma ótima solução — disse o terapeuta.

**Charles logo se acalmou. Em seguida, sabendo muito bem que resposta ele daria, o terapeuta lhe perguntou:**

— Quando em maio?

— Primeiro de maio — respondeu ele, sem titubear.

**O terapeuta então olhou para a mãe e lhe perguntou:**

## Curvas de aprendizagem

— E o que a senhora acha dessa data?

A mãe tirou então sua agenda da bolsa, folheou até o dia primeiro de maio e disse:

— Primeiro de maio seria um bom dia para comprar a bicicleta.

Naturalmente, outros fatores podem estar interferindo no sucesso da implementação do Plano B. É provável que seu filho não tenha algumas habilidades que são indispensáveis para participar do Plano B. Esse assunto é abordado no capítulo seguinte. É também possível que, no caso de seu filho, o tratamento de uma ou mais vias por meio de medicamentos seja mais adequado que o Plano B. Esse tópico será coberto mais à frente, no Capítulo 10.

Nesse meio-tempo, como você já obteve informações suficientes sobre o modelo RCP, é provável que tenha várias dúvidas. Desse modo, tentemos responder a algumas delas.

### Quando o meu filho deve ser responsabilizado por seus atos?

Para inúmeros pais, 'responsabilizar o filho por seus atos' é o mesmo que 'punir'. Várias pessoas acreditam que, quando as sanções punitivas aplicadas a uma criança em decorrência de seus ataques de raiva não são suficientes para fazê-la parar de explodir, isso quer dizer que essas sanções não lhe causaram o sofrimento devido. Diante dessa constatação, elas intensificam esse sofrimento, esquecendo-se de que as crianças explosivas normalmente já sofreram mais na vida que grande parte das outras pessoas. Se sofrimento funcionasse, há muito tempo teria provocado mudanças. Além disso, você já sabe em que sentido os programas de recompensa e punição funcionam: eles são eficazes para ensinar lições básicas e para motivar. No presente livro, pressupomos que seu filho saiba que você não quer que ele tenha esses acessos e que ele já esteja motivado a não explodir. Missão cumprida. A opinião de que a única coisa que essas crianças precisam é de um bom corretivo não é nem um pouco cabível nem leva em conta com imparcialidade e precisão os diversos mecanismos que provavelmente estão por trás das dificuldades de uma criança. Na realidade, inúmeras das assim chamadas explicações dadas ao comportamento dessas crianças não passam de clichês cujo significado se mostra pouco significativo tão logo os examinamos mais de perto:

- *Ele só deseja atenção.* Todos nós desejamos atenção. Portanto, 'ele só deseja atenção' não pode explicar por que ele está tendo acessos de raiva.
- *Ele quer as coisas apenas do jeito dele.* Todos nós gostamos de fazer as coisas do nosso jeito. Desse modo, isso não poderia explicar por que ele está tendo acessos de raiva.
- *O que ele deseja na verdade é dominar.* Todos nós queremos dominar. E isto também não pode explicar por que ele está tendo acessos de raiva.
- *Ele não coopera.* Se você estiver falando sobre o verdadeiro significado da palavra *cooperar* — "colaborar e atuar em conjunto para um mesmo fim" —, então podemos dizer com bastante segurança que você nunca lhe deu oportunidade para isso.
- *Ele é manipulador.* Duvido. Para ser um manipulador eficaz, o indivíduo precisa das seguintes habilidades: premeditação, planejamento, controle dos impulsos e organização. Oitenta por cento das crianças explosivas são ainda diagnosticadas TDA/H. Quais são as principais características desse transtorno? Falta de habilidade para premeditar, planejar, controlar os impulsos e organizar. As crianças explosivas em geral não sabem manipular. Não têm capacidade para isso. A manipulação é eficaz quando você não sabe que está sendo manipulado. Se souber que está sendo manipulado, isso significa que está diante de um manipulador incompetente.
- *O que ele de fato precisa é assumir a responsabilidade pelo que faz.* Com que freqüência *você* assume a responsabilidade por seus atos, quando lhe faltam as habilidades necessárias para acertar em cheio?

Para a resolução colaborativa de problemas, o que é responsabilizar uma criança? *É lhe oferecer as habilidades necessárias para que, assim, nunca mais tenha acessos de raiva e, desse modo, não precise mais de sua ajuda*. Visto que seu filho está contando com as recompensas como motivação para não explodir, ele não está nem um pouco preparado para 'ser responsabilizado'. Se você não estiver ensinando a seu filho as habilidades necessárias para resolver os problemas eficazmente e parar de explodir, então, não está lhe dando possibilidade para que 'seja responsável'.

**Então eu poderia afirmar que meu filho 'está assumindo a responsabilidade de seus atos' quando estou usando o Plano B?**

Sim. Se seu filho estiver participando com você dos diálogos do Plano B com o objetivo de resolver os problemas que fazem com que ele se comporte mal adaptativamente, se estiver levando em conta também as suas inquietações, se estiver colaborando para encontrar soluções mutuamente aceitáveis e se estiver tendo menos acessos de raiva, isso significa que está 'concordando em assumir responsabilidades'.

**Portanto, o Plano B não está dando a entender para o meu filho que eu aprovo seu comportamento explosivo, está?**

O Plano A não é a única maneira de elucidar para o seu filho que você desaprova seu comportamento — ele já sabe disso quando você coloca em pauta sua inquietação por meio do Plano B (de qualquer forma, ele provavelmente já sabia que você não aprovava). Não se esqueça do significado de estabelecer limites: ou seja, garantir que suas inquietações sejam consideradas. Visto que suas inquietações podem ser consideradas tanto com o Plano A quanto com o Plano B, é possível estabelecer limites no Plano B tanto quanto no Plano A — mas de uma forma bem diferente e com um efeito completamente distinto.

**E em relação à vida real? E se meu filho algum dia tiver um chefe do tipo Plano A?**

Um chefe desse tipo é um problema a ser resolvido. Como o seu filho aprende as habilidades de resolução de problemas? Com o Plano B. Como já discutimos antes, que habilidade é mais importante para a vida, no mundo real: (1) aderir cegamente à autoridade, como prescreve o Plano A; ou (2) aprender a resolver os problemas com as pessoas, como prescreve o Plano B? Este humilde autor escolhe a saída número dois.

Por exemplo, não ultrapassar um limite de velocidade é uma expectativa, e existem motivos tanto no Plano A quanto no Plano B para não dirigir em alta velocidade. O motivo no Plano A para não dirigir em alta velocidade é que você pode ser pego e ter de pagar uma multa. Qual é o motivo no Plano B para não dirigir em alta velocidade? Você não deseja morrer. Você não deseja matar ninguém. Você não deseja que seus filhos cresçam sem você. Se o único motivo que o leva a não dirigir em alta velocidade for 'ser pego' e ter de 'pagar multas', então há uma grande probabilidade de você dirigir em alta velocidade se houver alguma garantia de que não será pego (prova disso é a popularidade dos detectores de radar). Nesse caso, você (e todos nós) ainda depende totalmente dos outros (da polícia) para se manter na linha. Porém, se não estiver dirigindo em alta velocidade porque não deseja morrer ou não quer acabar matando alguém algum dia ou não quer que seus filhos cresçam sem você, então é a sua *maneira de pensar* que o impede de dirigir em alta velocidade e o faz refletir a respeito das possíveis conseqüências de seu comportamento e sobre as pessoas que poderiam ser afetadas por ele. Esse tipo de pensamento é ensinado no Plano B. A criança educada com o Plano A ainda depende totalmente dos adultos (ou de outras figuras de autoridade) para lhe dizer o que deve fazer e para assegurar que ela o faça.

### O Plano A é melhor para lidar com os problemas de segurança?

Em algumas variações anteriores do modelo RCP, o problema de segurança era tratado com o Plano A. Hoje, esse plano quase não é usado para isso. Por quê? Porque os problemas que fazem a criança se sentir insegura não são resolvidos com o Plano A; eles são resolvidos com o Plano B. É claro que, se você vir seu filho comportar-se de uma maneira que comprometa sua segurança (por exemplo, arremessar-se na frente de um carro em movimento em um estacionamento), esse é o momento ideal para o Plano A. Agarre-o pelo braço, salve-lhe a vida e, se ele explodir, que assim seja. Contudo, se por acaso tiver observado que ele tem se arremessado habitualmente contra carros em movimento e você, todas as vezes, tem de agarrá-lo pelo braço para salvar sua vida, o Plano A com certeza não está fazendo efeito. Esse é o momento de aplicar o Plano B Proativo:

**Pai ou mãe (empatia):** — Clark, percebi que você está tendo um pouco de dificuldade de ficar perto de mim quando estamos em algum estacionamento. E daí acabamos discutindo um com o outro porque sempre eu tenho de puxá-lo. Você está entendendo o que estou querendo dizer?

**Clark:** — Hum-hum.

**Pai ou mãe (definição do problema):** — O fato é que não posso deixá-lo sair correndo na frente dos carros porque não quero que se machuque, entendeu?

**Clark:** — Hum-hum.

**Pai ou mãe (convite):** — Vamos ver como podemos resolver esse problema? Você tem alguma idéia?

**Clark:** — Hum... Seria melhor se não entrássemos em nenhum estacionamento.

**Pai ou mãe:** — Tenho uma idéia. Veja, às vezes somos obrigados a parar o carro no estacionamento — como quando vamos ao supermercado ou a uma farmácia. Por isso, não podemos deixar de parar em algum estacionamento para o resto da vida. Mas aposto que existe alguma maneira de pararmos o carro em um estacionamento e eu não ter de me preocupar com a possibilidade de você se enfiar na frente dos carros. O que você acha?

**Clark:** — Você poderia me deixar em casa com Grammy.

**Pai ou mãe:** — Sim, poderia... algumas vezes. Mas Grammy nem sempre pode ficar tomando conta de você quando saio para fazer alguma coisa.

**Clark:** — Eu poderia te dar a mão.

**Pai ou mãe:** — Você poderia me dar a mão. Acho que essa idéia pode funcionar muito bem. Mas às vezes você fica bravo quando estamos em algum estacionamento e eu quero te dar a mão.

**Clark:** — É porque você fica gritando comigo.

**Pai ou mãe:** — Grito com você porque, bem, você sabe, não é? Se eu e você combinarmos que a partir de agora você vai me dar a mão quando estivermos em algum estacionamento, então o motivo por que eu ficava gritando com você não importa mais.

**Clark:** — E se eu me esquecer de te dar a mão?

**Pai ou mãe:** — Eu vou tentar lembrá-lo antes de chegarmos ao estacionamento.

**Clark:** — E se você se esquecer de não gritar comigo?

**Pai ou mãe:** — Eu vou me esforçar bastante para não gritar. Se eu esquecer, você me lembra?

**Clark:** — Sim.

**Pai ou mãe:** — Esse acordo está bom para você?

**Clark:** — Sim.

**Pai ou mãe:** — Para mim, funciona também. Agradeço por resolver esse problema comigo, amigão.

É claro que, quando os pais se referem a 'problemas de segurança', em geral estão se referindo àquilo que seu filho está fazendo em pleno ataque de raiva (desferir pancadas, lançar objetos etc.). Contudo, visto que os acessos de raiva, em sua grande maioria, são catalisados por adultos que lançam mão do Plano A, existe um antídoto básico: *não use em primeiro lugar o Plano A*.

Uma mãe estava bastante transtornada em virtude de seu filho ter-lhe batido no momento em que discutiam se ele poderia ou não comer cinco biscoitos de chocolate perto da hora da janta. O que a perturbava na verdade, o que é perfeitamente compreensível, era o fato de ter sido agredida pelo filho. Esse caso sugeria que era necessário fazer alguma coisa para garantir a segurança. Contudo, sugeria também que ela mesma tinha algo a aprimorar em relação aos planos que escolhia.

— Quando há violência, usamos o Plano A, certo? — perguntou a mãe.

— O que você quer dizer? — perguntou o terapeuta.

— Se ele me bater, nesse momento tenho de usar o Plano A, não é? — perguntou ela.

— Bem, estou mais preocupado com o motivo por que ele bateu na senhora — respondeu o terapeuta. — Que plano quis usar para solucionar esse problema do biscoito de chocolate?

A mãe parou por um instante.

— Eu não queria que ele comesse mais biscoitos de chocolate.

— Então a senhora lhe disse que ele não poderia comer mais — concluiu o terapeuta.

— Exato — disse a mãe.

— Portanto, na verdade a senhora queria usar o Plano A, não é?

— O quê? Você acha que eu deveria simplesmente ter deixado que comesse os biscoitos? — perguntou a mãe.

— Bem, nesse caso teria sido o Plano C — disse o terapeuta.

— Então, você está me dizendo que eu deveria ter usado o Plano B — disse a mãe.

— Se a senhora não quer que ele coma cinco biscoitos de chocolate perto da hora da janta e não quer que ele tenha um ataque de raiva por isso, então, sim, o B teria sido o plano adequado para alcançar esses dois objetivos numa tacada só.

— Você não acha que o fato de ele ter me batido é sério, não é? — perguntou a mãe.

— Isso é extremamente sério — respondeu o terapeuta.

— Então, o que devo fazer em relação a isso, especificamente? — perguntou a mãe.

— Se a senhora usar o Plano B para solucionar problemas e resolver divergências, acredito que a probabilidade de ele bater na senhora diminuirá sensivelmente — disse o terapeuta.

**Portanto, o que devo fazer se meu filho realmente estiver tendo acessos de raiva?**

Se seu filho estiver tendo ataques de raiva, é bem provável que esteja usando o Plano A. Pare já! Se tiver sorte, nesse momento seu filho talvez ainda esteja apto ao Plano B. Se não, prepare-se para encarar o Plano C. Se você acabar tendo de usar o Plano C, isso significa que seu filho aprenderá que basta ter um acesso para conseguir as coisas do jeito dele? Não, caso na próxima vez você empregue primeiro o Plano B Proativo para solucionar o problema que está provocando esses acessos. Se tiver de tolerar um acesso de raiva, não desperdice essa oportunidade. Os acessos fornecem informações importantes sobre as vias e os desencadeadores que talvez você ainda não tenha notado. Porém, é só isso que há de produtivo nos acessos de raiva: eles fornecem as informações necessárias para evitar outro acesso em relação a um mesmo problema.

**Eu não tenho tempo para empregar o Plano B, demora muito.**

Na verdade, você não tem mais tempo para *deixar* de aplicar o Plano B! Os acessos de raiva sempre são mais demorados que o Plano B. Os problemas não resolvidos costumam tomar mais tempo que os problemas para os quais já se encontrou uma solução. Fazer algo que não está tendo efeito sempre toma mais tempo que fazer algo que está funcionando. E se você estiver aplicando o Plano B Proativo com freqüência — conseguindo soluções permanentes para os problemas —, a quantidade de tempo que está despendendo no Plano B provavelmente diminuirá à medida que os problemas forem resolvidos.

**Eu não sou tão ágil assim. Nem sempre consigo decidir que plano usar no calor do momento.**

Esse é mais um motivo para você solucionar os problemas proativamente, em vez de emergencialmente. Apenas com o Plano B de Emergência é que é necessário ser realmente ágil. Quando se vir diante de uma situação emergencial e não conseguir decidir que plano usar, sua opção-padrão deve ser o Plano B.

Por falar nisso, algumas crianças conseguem tolerar alguns minutos de demora se os pais ficarem indecisos em relação ao plano que devem empregar e tiverem de ponderar a respeito. Em outras palavras, nem sempre é essencial que a decisão seja tomada de imediato. Se achar que seu filho consegue esperar, pode dizer algo do tipo: "Preciso ver se em algum sentido isso me incomoda. Você pode me dar um minuto?". Outros pais, entretanto, optam por postergar essa decisão porque não querem ter esse diálogo dentro do carro, no supermercado ou num *shopping center* (lugares que podem comprometer sua capacidade para lidar com o lado pior do filho, se isso de fato ocorrer).

Numa determinada noite, uma mãe chegou ao consultório do terapeuta rouca de tanto gritar com a filha no caminho até lá.

— Por que você estava gritando?

— Alycia ficou extremamente frustrada porque teremos que mudar os planos em relação ao aniversário dela — explicou a mãe.

— Isso deve ter sido extremamente frustrante para ela. Mas por que toda a gritaria? — perguntou o terapeuta.

— Porque havia muita neblina na estrada e ainda por cima eu não sou muito boa para dirigir à noite. Como se isso não bastasse, minha filha, sentada no banco de trás, frustrada, não parava de soluçar, dizendo que não gostava de mim — explicou a mãe.

— E o que a senhora fez? — perguntou o terapeuta.

— Eu gritei com ela — respondeu a mãe. — E agora estou aqui sentada, totalmente enfurecida comigo mesma por ter feito isso. Acho que fico um pouco perturbada quando ela se exalta.

— Qual era seu objetivo quando ela começou a se indispor? — perguntou o terapeuta.

— Não faço idéia — respondeu a mãe. — Só queria superar esse problema e não falar mais nisso.

— É um objetivo um tanto curioso — disse o terapeuta. — Porque você tem uma filha que simplesmente não sabe muito bem superar um problema e não falar mais nele.

— Isso é a pura verdade — a mãe concordou. — Então, qual deveria ter sido meu objetivo?

— Acho que é indispensável refletir sobre se o momento e o lugar ideal para ter uma conversa que vai deixar sua filha frustrada deve ser dentro do carro, numa noite nevoenta. Quer dizer, se uma conversa que pretendemos que seja de alguma maneira produtiva poderia ocorrer nessas condições. Se chegar à conclusão de que uma determinada circunstância provavelmente não é adequada para essa conversa que você precisa ter com ela, pode tentar postergá-la até encontrar uma ocasião mais apropriada. Você acha que Alycia seria capaz de postergar essa conversa?

— Se isso ocorresse, ela ainda ficaria chorando no banco de trás — disse a mãe.

—Bem, não podemos impedir que ela sinta o que de fato está sentindo em relação à mudança de planos em seu aniversário. Mas precisamos refletir melhor se, postergando uma conversa, poderíamos obter um resultado mais eficaz.

### Meu marido não usa o Plano B. O que eu poderia fazer?

Existem no mundo lá fora inúmeros adultos que temem que suas inquietações não sejam ouvidas ou solucionadas. Por esse motivo, quando eles têm alguma inquietação, escolhem o Plano A sem pestanejar. Por que existem por aí tantos adultos temerosos em relação às suas inquietações? Porque existe no mundo uma enorme quantidade de adultos que foram educados com o Plano A na infância cujas inquietações não foram ouvidas nem solucionadas! Em geral é preciso lembrar os adultos que perpetuam esse ciclo ao usarem o Plano A para que suas inquietações sejam ouvidas e solucionadas de que isso pode ocorrer igualmente com o Plano B.

**Mas o meu marido vive dizendo que o Plano A funcionou no caso dele.**

Talvez, sim. Sorte a dele. Porém, pelo que parece, não está funcionando para o filho dele. Se considerarmos que seu filho ainda não desenvolveu habilidades de pensamento fundamentais e o Plano A simplesmente está provocando suas explosões e sua hostilidade e mau humor, então é difícil imaginar por que seu marido ainda assim ia querer levar adiante algo que não está funcionando. Talvez, para ele, a única alternativa seja o Plano C. Teremos de ajudá-lo a obter informações sobre essa terceira opção.

**Meu filho não realiza o Plano B. Estou tentando solucionar os problemas colaborativamente, mas ele não.**

Não deixe de ler o Capítulo 8, a seguir. Como mencionado antes, existe uma variedade de fatores que poderiam interferir na capacidade de seu filho de realizar o Plano B. Portanto, isso não quer dizer que ele não queira realizá-lo, mas que lhe faltam algumas das habilidades necessárias para isso. Provavelmente você terá de lhe ensinar algumas outras habilidades.

**Mas quando digo a meu filho qual é minha inquietação, ele diz que isso não lhe interessa. Como posso realizar o Plano B com alguém que não está nem aí?**

Seu filho não precisa se interessar por sua inquietação para resolver colaborativamente algum problema. A verdade é que, de um modo geral, os próprios adultos não têm nenhum interesse por muitas das inquietações, por exemplo, do cônjuge ou dos filhos. Eles *na realidade* não se interessam; mas simplesmente não *dizem* que de fato não se interessam. Por isso, seu filho não é obrigado a se interessar por sua inquietação. Porém, não há dúvida de que precisa levá-la em conta para solucionar o problema em pauta de uma maneira mutuamente satisfatória.

**Pai ou mãe:** — Billy, eu sei que você gosta de jogar com seus amigos depois da escola e que às vezes é difícil interromper o jogo para vir jantar.
**Billy:** — Hum-hum.
**Pai ou mãe:** — A questão é que, para mim, é muito importante que jantemos juntos, como uma família.

## Curvas de aprendizagem

**Billy:** — Para mim pouco importa jantarmos juntos como uma família.

**Pai ou mãe:** — Hum... Está bem. Talvez isso seja mais importante para mim do que para você. Mas ainda assim gostaria de ver se conseguimos encontrar uma solução para esse problema. Você quer continuar jogando com seus amigos. E eu quero jantar com você, com seu pai e irmão juntos, como uma família. Vamos pensar em algumas possibilidades para solucionarmos esse problema.

**Eu e meu filho chegamos a um acordo sobre uma determinada solução, mas depois ele deixa de fazer o que combinamos.**

Como você verá no Capítulo 8, normalmente isso é um sinal de que, antes de mais nada, a solução não era realista, factível ou mutuamente satisfatória. Lembre-se de que o Plano B não é um exercício de *falsas ilusões*. Ambas as partes têm de ser capazes de preservar a solução combinada e levá-la adiante sem fraquejar. Se seu filho não está correspondendo ao que foi ajustado, isso pode estar ocorrendo não porque ele deseja, mas porque não consegue. É melhor encontrar uma solução que ele realmente seja capaz de preservar e levar adiante.

**Alguém me disse que os pais precisam ser coerentes entre si na frente do filho para que ele não se sinta 'dividido'. Portanto, que conselho daria aos pais se um deles estivesse usando o Plano A para resolver um determinado problema e o outro não concordasse?**

Os acessos de raiva são bem mais destrutivos para as famílias do que uma possível divergência de opinião diante de um filho. O curioso é que, se o pai e a mãe tiverem a mesma inquietação, ambos pelo menos já estarão de acordo em relação ao ponto principal — que eles têm uma inquietação a ser colocada em pauta. As inquietações são levadas em conta tanto com o Plano A quanto com o Plano B. Por esse motivo, se um deles começar a chegar a um ponto em que não há retorno (Plano A), o outro deve rapidamente entrar no jogo e tentar colocar em pauta a inquietação do filho (iniciar o Plano B), interceptar um possível acesso de raiva e resolver o problema, como faria toda e qualquer boa equipe. Em seguida, os pais precisam ter uma conversa em particular sobre como podem discutir suas inquietações sem provocar acessos de raiva no filho.

A questão fica um pouco mais complexa quando um dos pais emprega o Plano A e o outro utiliza o Plano C, pois isso sugere que ambos ainda não chegaram a um acordo sobre se deveriam ou não colocar em pauta uma determinada inquietação. Antes de suscitar o problema, na presença da criança, os pais deveriam conversar e chegar a um acordo sobre se realmente vale a pena bancar aquela inquietação.

### Por quanto tempo devo aplicar o Plano B? Quanto e em que ritmo devo esperar que meu filho melhore?

Por quanto tempo você deve aplicar o Plano B? Bem, vamos refletir um pouco sobre o que você está fazendo. Você está resolvendo problemas colaborativamente com o seu filho para que nunca mais briguem por causa desses problemas. Você está se comunicando com o seu filho. Está melhorando seu relacionamento. Está permitindo que ele constate que você não é a única pessoa que tem idéias geniais para resolver um determinado problema, que ele também tem ótimas idéias. Você está lhe mostrando que suas inquietações são legítimas. Então, mesmo que ele nunca mais tivesse acessos de raiva, por que motivo você interromperia todo esse processo?

Vários pais começam a usar a abordagem descrita neste livro pensando que em algum momento poderão voltar a usar o Plano A. Na realidade, quando pais e filhos começam a usar o Plano B com desenvoltura e à medida que o relacionamento entre eles melhora, a importância do Plano A de fato diminui. Com o passar do tempo, os pais em geral deixam de sentir falta do Plano A e, definitivamente, param de almejar 'os bons e velhos tempos'.

Tanto os filhos quanto os pais variam substancialmente em relação à velocidade com que respondem a essa abordagem. O primeiro objetivo é apagar a fogueira o mais rápido possível, diminuindo sensivelmente a freqüência de uso do Plano A e aumentando sensivelmente a dos Planos B e C. Se os pais mudarem a maneira de reagir e se comunicar com os filhos, a freqüência, a duração e a intensidade dos ataques de raiva provavelmente diminuirão de acordo. Em segundo lugar, obviamente, se o Plano B passar a ser empregado com maior freqüência, vários desencadeadores — problemas que ainda estão para ser resolvidos — serão afinal resolvidos. Algumas famílias são capazes de atingir esse patamar em apenas algumas semanas, enquanto outras levam vários meses e outras demoram ainda mais. Há casos de crianças que continuam tendo acessos ocasionais, residuais e arriscados ainda por alguns meses. Porém, em geral esses acessos são bem menos intensos e desaparecem gradativamente. Como você verá no capítulo seguinte, assim que chegar a essa fase, será possível trabalhar mais diretamente com as vias.

### Devo recompensar meu filho por realizar o Plano B?

O fato de ele estar tendo menos acessos de raiva e se relacionando melhor com você costuma ser uma recompensa suficiente.

### Portanto, usar essa abordagem implica deixar de usar definitivamente recompensas e punições?

Não necessariamente. Porém, no momento, é indispensável que você saiba no que as recompensas e as punições podem ou não ajudá-lo. Além disso, é essencial perceber o cuidado especial e crucial que deve ter ao aplicar sanções em crianças explosivas. O que de fato importa é saber se o desempenho do seu filho melhorará em algum momento do processo se você motivá-lo ainda mais. E a resposta é provavelmente *não*. Mas vamos refletir um pouco a esse respeito.

O primeiro ponto sobre o qual você deve ter certeza é se seu filho realmente precisa de maior motivação. Segundo nossa filosofia — de que as crianças progridem quando têm capacidade para isso —, seu filho já está suficientemente motivado. Em segundo lugar, você dever ter certeza de que as estratégias motivacionais valem quanto pesam. Os acessos de raiva costumam ocorrer quando se aplica uma punição ou quando a criança perde uma recompensa que havia sido prometida.

Estimular as crianças a conversarem sobre como podem reparar um ato cometido no meio de uma frustração pode ser bem mais produtivo do que aplicar uma punição. Essas conversas não devem ocorrer durante ou imediatamente após um acesso de raiva, mas assim que a criança se restabelecer completamente e puder pensar com clareza e sensatez. Apresentamos a seguir um exemplo de diálogo:

**Pai ou mãe:** — Carlos, precisamos conversar um pouco sobre a mesa que você quebrou ontem.

**Criança:** — Eu já disse que estou arrependido.

**Pai ou mãe:** — Eu sei, e foi muito bom você dizer isso. Mas ainda estou me sentindo muito mal em relação com tudo que aconteceu. Por isso, precisamos ainda ver o que é possível fazer para eu me sentir melhor.

**Criança:** — O quê, por exemplo?

**Pai ou mãe:** — Não sei. Você consegue imaginar alguma coisa que possa fazer para eu me sentir melhor?

**Criança:** — Você poderia me punir.

**Pai ou mãe:** — Não acho que uma punição me faria sentir melhor. E isso com certeza não impediria que você continuasse quebrando as coisas. Eu estava imaginando que você poderia me ajudar em algumas tarefas domésticas.

**Criança:** — Eu poderia varrer o quintal.

**Pai ou mãe:** — É uma possibilidade. E seria de grande ajuda. Então você faria isso para me ajudar a me sentir melhor?

**Criança:** — Sim. Ou eu poderia ajudá-la a colocar o lixo na rua.

**Pai ou mãe:** — Acho que seria mais útil para você varrer o quintal. Isso me faria sentir bem melhor. Talvez na próxima vez em que ficar frustrado, em vez de quebrar as coisas, você me deixe ajudá-lo.

**Criança:** — Vou tentar.

### E em relação ao castigo?

Algumas crianças na realidade acham o castigo um bom lugar para se acalmar quando estão frustradas, embora isso seja uma exceção — visto que os castigos normalmente são usados como punição. É bastante comum, quando alguém tenta estabelecer algum contato físico com as crianças no momento em que estão se sentindo frustradas, as crianças exacerbarem — e algumas vezes até dramatizarem — os acessos de raiva. Portanto, se o castigo não fizer mais que alimentar os acessos de raiva de seu filho, esqueça! Mesmo em circunstâncias ideais, o castigo em geral não é recomendado para crianças maiores e adolescentes.

Entretanto, o castigo pode ser produtivo quando os pais percebem que a direção que a discussão está tomando não é boa ou que o problema não será resolvido naquele instante, pois, desse modo, podem ficar em lugares distintos — cada um vai para um cômodo diferente da casa.

## Curvas de aprendizagem

Nem todas as crianças explosivas seguirão esse esquema até o fim. A discussão deve ser retomada quando todos já tiverem tido oportunidade de refletir um pouquinho e estiverem mais calmos.

**Mas ainda assim sinto que alguns comportamentos do meu filho são programados e propositais. Como posso perceber a diferença?**

Nas circunstâncias em que seu filho fica frustrado, a última coisa que você deve fazer é tentar descobrir imediatamente se seu comportamento é ou não programado. Você não tem muito tempo a perder e não é fácil distinguir uma coisa da outra. Portanto, você pode cometer dois erros básicos. O primeiro é pensar que o comportamento de seu filho não é programado nem intencional quando na verdade é. O segundo é pensar que o comportamento de seu filho é programado e intencional quando na realidade não é. Se tiver de cometer algum desses erros, cometa o primeiro. Em outras palavras, quando estiver em dúvida, reaja como se o comportamento dele fosse acidental e involuntário. As implicações do segundo erro são bem mais sérias.

**Meu filho fica frustrado por outros motivos, mas não quando está se relacionando comigo ou com outras pessoas. Na verdade, ele fica extremamente frustrado com algo que esteja fazendo — por exemplo, quando está jogando videogame. Ou às vezes ele reage tardiamente a uma frustração que já ocorreu horas atrás, logo no início do dia, por exemplo. Nesse caso, como é que fica?**

É verdade, às vezes parece que não há nada a tentar resolver porque a frustração de seu filho não tem a ver com você ou com outra pessoa. E existem circunstâncias em que uma frustração num dado momento nada mais é que a reação a uma frustração ocorrida num momento anterior — na escola, por exemplo. Contudo, seu papel não muda nesse caso: você precisa descobrir o que ocorreu para ajudá-lo a resolver o problema (talvez nesse dia com o Plano B de Emergência, mas com o B Proativo no dia seguinte, se de fato tiver sido possível prognosticar com facilidade o problema em questão).

**Mãe (em pé na calçada de frente da casa):** — Charlotte, estamos esperando você entrar no carro para irmos à praia.

**Charlotte (em pé na porta da entrada):** — Eu não vou.

**Mãe:** — Como assim? Charlotte, você adora praia.

**Charlotte (entrando em casa):** — Eu já disse que não vou!

**Mãe (indo em direção à porta da frente e usando o Plano A):** — Charlotte, seu irmão e seu pai já estão no carro. Estamos com pressa. E eu não estou muito disposta a levar isso adiante com você agora.

**Charlotte (batendo e trancando a porta da frente da casa):** — Fica longe de mim! Eu não vou! Não vou!

**Mãe (ainda usando o Plano A):** — Charlotte, destranque essa porta, já! — ordena a mãe, indo em direção ao marido, no carro. — Querido, você está com a sua chave da casa?

**Marido:** — Não. Por quê?

**Mãe (pulsação acelerada, voltando para a porta da frente, ainda trancada, e mantendo-se no Plano A):** — Charlotte, abra essa porta, droga! Eu não estou para brincadeiras!

[Nenhuma resposta vinha de dentro da casa.]

**Pai (aproximando-se da porta da frente):** — O que está acontecendo?

**Mãe (falando com os dentes cerrados):** — Sua filha me disse que não vai à praia e se trancou dentro de casa.

*Ih...* Esse na verdade parece um exemplo de como *não* devemos agir. Contudo, usando a magia dos livros, onde tudo é possível, façamos algo que na vida real você não pode se dar ao luxo de fazer: volte a fita e tente uma abordagem diferente.

**Charlotte:** — Eu não vou à praia. Não vou!

**Mãe:** — Você não vai?

**Charlotte:** — Não!

**Mãe:** — Qual o problema, querida?

**Charlotte (esfregando os olhos):** — Eu simplesmente não quero ir!

**Mãe (pondo-se de cócoras para ficar no mesmo nível de Charlotte):** — O motivo de você estar chateada tem alguma coisa a ver com o fato de estarmos indo à praia hoje? Normalmente, você fica ansiosa e é a primeira a se aprontar para ir à praia.

**Charlotte:** — É muito cedo para ir à praia!

**Mãe:** — Eu não estou entendendo o que você quer dizer com é muito cedo para ir à praia.

**Charlotte:** — Nós sempre vamos à praia depois da missa. Nós nunca vamos à praia logo de manhãzinha.

**Mãe (empatia refinada):** — Você está chateada porque nós não costumamos ir à praia de manhã tão cedo.

**Charlotte:** — É. Nós nunca vamos à praia assim de manhã. Não podemos ir agora.

**Mãe (definição do problema):** — Fico feliz em saber que o problema é esse. Mas, olha... hoje é feriado e já estamos todos prontos para ir. Não há missa agora. Mas vamos pensar um pouquinho sobre isso. Talvez possamos encontrar uma solução.

Bem melhor, não?

Eu sempre preciso explicar detalhadamente todas as soluções para o meu filho. Isso é normal?

Muitas crianças explosivas não conseguem lidar bem com a ambigüidade e isso vale também para as soluções encontradas para os problemas. Portanto, "Tudo bem, vamos fazer isso mais tarde" ou "Iremos daqui a pouco" ou "Por enquanto, não podemos fazer isso" são frases que podem aumentar ainda mais a frustração delas, mesmo no contexto do Plano B.

**Tom (sentado no banco de trás do carro da família):** — Eu quero alguma coisa para comer.

**Mãe:** — Daqui a pouco vamos parar para fazer um lanche — respondeu a mãe, não muito feliz na resposta, mas, com um pouco de sorte, poderia satisfazer o filho, pelo menos temporariamente.

**Tom:** — Tá bom.

[Cinco minutos de silêncio se passaram.]

**Tom (agitado):** — Você não disse que pararíamos para comer?

**Mãe:** — Eu disse que pararíamos daqui a pouco.

**Tom (extremamente agitado):** — Eu não quero esperar mais! Você disse que já íamos parar!

**Pai (optando pelo Plano A, em vez de tentar salvar a situação):** — Sua mãe disse que pararíamos daqui a pouco; então, fim de conversa!

**Tom (gritando bem alto e chutando o banco do pai):** — Vocês são dois grandes mentirosos! Vocês sempre fazem isso! Dizem que vão fazer alguma coisa e daí não fazem nada!

**Mãe (ainda sem mostrar nenhuma empatia):** — Veja, vamos parar para comer assim que for possível...

[BUM!.]

Em questões desse tipo, algumas crianças não se adaptam bem quando uma solução não é levada adiante exatamente como elas programaram. Mike, um garoto de 13 anos, notavelmente rígido, entrou em um acordo com sua mãe sobre quando (ao meio-dia de sábado) e como (com a ajuda dela) ele limparia seu quarto. Mike ficava de fato ansioso para pôr ordem o seu canto, mas lhe faltavam as habilidades de organização para fazer isso por conta própria. Infelizmente, no dia determinado, a mãe, que havia saído para um compromisso, se atrasou e não conseguiu chegar em casa antes do meio-dia para ajudar Mike a limpar o quarto. Essa mudança de plano foi um obstáculo e tanto para o garoto. Quando sua mãe chegou, às 13h30, e propôs que enfim começassem a limpar o quarto, Mike já estava bem agitado. Uns minutos se passaram e nada de Mike se mexer, a mãe então insistiu para que fossem logo para o quarto. A agitação de seu filho ficou ainda mais evidente. Logo depois, outra insistência. Até que, às 13h40, Mike teve um acesso de raiva. O que Mike na verdade precisava era reajustar totalmente a solução original. Ele simplesmente era muito rígido.

**Vários dos exemplos que li até aqui estão relacionados a crianças menores. Meu filho tem 15 anos. Há alguma sugestão em particular?**

Acredite ou não, a idade cronológica de seu filho não é o fator principal. Sua idade de desenvolvimento, no que se refere à flexibilidade e tolerância a frustrações, é que de fato importa. Desse modo, embora a linguagem que usaríamos para um adolescente de 15 anos provavelmente tivesse de ser mais complexa do que para uma criança de 4 anos, a ênfase para identificar as vias e os desencadeadores seria exatamente a mesma. Quando as crianças são compreendidas e quando a abordagem é colaborativa, elas reagem de modo favorável, independentemente de quantos anos tenham.

**Meus outros filhos que não são explosivos respondem positivamente ao Plano A. Nesse caso, eu teria de usar simultaneamente dois tipos diferentes de disciplina com a minha família?**

As crianças que respondem bem ao Plano A também tendem a reagir bem ao Plano B, de modo que, se deseja ser coerente, use o Plano B igualmente com seus outros filhos. Há, porém, outro aspecto: não existe no mundo nenhuma família em que todos os filhos sejam tratados exatamente da mesma maneira. Em todas as famílias, um filho recebe algo que o outro não recebe. Justiça não é igualdade. O desejo de seus filhos não explosivos de que seu filho explosivo pare de ter acessos de raiva é maior do que o desejo de que todos sejam tratados exatamente da mesma forma. Contudo, falaremos mais sobre irmãos e irmãs no Capítulo 9.

**Como pode o meu filho ter acessos de raiva em casa, mas não na escola? Isso não é uma prova de que ele consegue manter-se firme e equilibrado quando deseja?**

Bem, é mais provável que isso seja uma prova para algo que já sabemos: que ele tem acessos de raiva apenas em determinadas circunstâncias. A escola oferece algumas vantagens a mais em comparação ao lar. A programação é mais previsível (isso ajuda muito algumas crianças explosivas), os horários são mais organizados e sistematizados (isso ajuda muito algumas crianças explosivas) e o remédio que algumas crianças tomam (principalmente se for estimulante) está em pleno efeito no horário escolar. Contudo, a maior vantagem da escola é o constrangimento: seu filho consegue se conter ao máximo na escola porque não deseja causar constrangimento a si mesmo. Portanto, ele chega em casa e se revela porque gastou muita energia tentando se conter ao máximo na escola. Perceba que ele não consegue se conter o dia todo. Em casa, as coisas não são tão programadas e previsíveis quanto na escola. Além disso, em casa, não existe constrangimento.

**Meu filho está tendo acessos de raiva na escola, mas acho que os professores ainda não conhecem essa abordagem. Alguma recomendação?**

Parece que nem o constrangimento está retendo o seu filho. As escolas (não todas, mas a maioria) tendem a ser os baluartes do Plano A. Você deve fazer o possível para que eles conheçam o Plano B. Falaremos mais sobre isso no Capítulo 11.

**Existem inúmeros outros problemas que ainda não foram mencionados — como mentira, furto, uso de drogas, sexo. Como esses problemas seriam tratados com o Plano B?**

Os passos são os mesmos. O passo da empatia talvez seja o mais difícil. Mas lembre-se de que alguns problemas mais complexos exigem mais do que um diálogo no Plano B. Às vezes, a solução que acaba resolvendo o problema de uma vez por todas só aparece depois que algumas outras soluções são experimentadas. Porém, no que se refere à mentira, apresentamos a seguir um exemplo de diálogo no Plano B Proativo:

**Adulto (empatia):** — Percebi que às vezes você tem dificuldade para dizer a verdade em relação a algumas coisas.

**Criança:** — O quê, por exemplo?

**Adulto:** — Bem, alguns dias atrás eu lhe perguntei se havia feito o dever de casa e você me respondeu que sim. Daí, deixei você ficar jogando videogame. Mas recebi um recado de sua professora hoje reclamando que você na verdade não tem feito seu dever.

**Criança:** — Ela está mentindo!

**Adulto (empatia):** — Acho difícil, mas talvez ela até tenha se enganado mesmo. Só que já notei que você está tendo dificuldade para dizer a verdade sobre algumas outras coisas que nada têm a ver com a sua professora.

**Criança:** — Que mais?

**Adulto:** — Hum, na semana passada, mais precisamente naquele dia em que estava em um compromisso e telefonei para casa perguntando se você já havia tirado o uniforme, tomado banho e jantado, você respondeu que sim. Daí, cheguei e vi que você ainda estava com o uniforme da escola, todo sujo, e nem tinha tocado na comida. Lembra-se?

## Curvas de aprendizagem

**Adulto (empatia, em seguida definição do problema):** — Eu sei que isso às vezes acontece, mas é que, quando você mente para mim assim, fica muito difícil confiar em você em relação a outras coisas.

**Criança:** — Tá bom, eu não vou mentir mais!

**Adulto (esclarecendo o problema):** — Hum, isso seria maravilhoso. Mas eu acho que seria mais seguro se eu compreendesse primeiro por que você estava tendo problemas para me dizer a verdade.

**Criança:** — É que eu não queria que você ficasse furioso(a) comigo e me punisse.

**Adulto (empatia):** — Ah, você não queria que eu ficasse furioso(a) com você e o punisse. Compreendo. Acho que às vezes algumas coisas me deixam muito furioso(a), não é?

**Criança:** — Hum-hum.

**Adulto (redefinição do problema, em seguida convite):** — Tá bom, então você às vezes tem dificuldade para me dizer a verdade porque não quer que eu fique furioso(a) com você e o puna. Vamos pensar no que podemos fazer em relação a isso. Você tem alguma idéia?

**Criança:** — Você poderia prometer que não vai ficar furioso(a) nem me punir.

**Adulto:** — Sim, eu poderia fazer essa promessa. Estou tentando a todo custo não o punir mais porque parece que isso não está mais fazendo efeito algum. Você já percebeu?

**Criança:** — É, mais ou menos.

**Adulto:** — Mas não posso prometer que nunca mais vou ficar furioso(a) com você. Talvez eu me esqueça algumas vezes. Olha, vou tentar o máximo que eu puder não ficar furioso(a) com você.

**Criança:** — Tá. E eu vou tentar tanto quanto puder não mentir para você.

**Adulto:** — Então nós dois temos algo a batalhar e a melhorar, não é mesmo?

**Criança:** — É, sim.

**Adulto:** — O que devemos fazer se eu me esquecer e ficar furioso(a)?

**Criança:** — Eu poderia lembrá-lo(a) de sua promessa.

**Adulto:** — Isso me ajudaria muito. O que eu deveria fazer se *você* esquecer e mentir de novo para mim?

**Criança:** — Você poderia me lembrar de minha promessa.

**Adulto:** — Acho que conseguimos armar um plano. Vamos ver como ele funciona na prática. Se não der muito certo, conversaremos novamente para tentarmos encontrar outra solução.

**Criança:** — Tá bom.

O que aconteceria se ficasse sabendo que sua filha adolescente está praticando sexo inseguro com o namorado e você tivesse alguma preocupação quanto a isso? Com o Plano A, você começaria um diálogo dizendo: "Você não deve ter relações sexuais com o seu namorado". Nesse caso, o diálogo não ocorreria porque você poria fim à discussão antes mesmo de iniciá-la. Com o Plano C, você não teria nenhum diálogo porque não tocaria nessa questão. Com o Plano B, o diálogo seria mais ou menos assim:

**Mãe:** — Podemos conversar um pouquinho?

**Filha:** — Sobre o quê, por exemplo?

**Mãe:** — Sobre você e o Ken.

**Filha:** — Ah, não, lá vamos nós novamente.

**Mãe:** — Não, espera — eu só quero conversar. Eu não vou lhe passar um sermão.

**Filha:** — Tá bom.

**Mãe:** — Veja, eu sei que você gosta muito de seu namorado e quer demonstrar isso a ele.

**Filha:** — Eu não quero falar sobre isso com você.

**Mãe:** — Eu entendo. Isso não é fácil para mim também. Mas eu estou preocupada com você.

**Filha:** — Não esquenta. Eu estou bem.

**Mãe:** — Não consigo evitar. Toda mãe se preocupa com a filha.

**Filha:** — Obrigada por se preocupar comigo, mãe, mas isso não é da sua conta.

**Mãe:** — Você poderia pelo menos me ouvir por um segundo, mesmo que isso não seja da minha conta?

**Filha:** — Tá bom, fala rápido.

**Mãe:** — Talvez seja melhor encontrarmos uma hora melhor para conversarmos sobre isso.

**Filha:** — Nunca haverá uma hora boa para falar disso! Fale antes que eu mude de idéia!

**Mãe:** — Certo. Eu sei que você gosta muito do seu namorado e quer demonstrar isso a ele.

**Filha:** — Você já disse isso.

**Mãe:** — Sim, disse. Estou com medo de você ficar grávida.

**Filha:** — Ah, não! Não acredito que estamos falando sobre isso! Que coisa mais constrangedora! Eu não vou ficar grávida, mãe!

**Mãe:** — Não? Então, o que você está fazendo para não engravidar?

**Filha:** — Isso é muito constrangedor!

**Mãe:** — Então me dê um motivo para não ficar preocupada e me acalme um pouco. Daí, podemos parar de falar sobre isso.

**Filha:** — Ken usa camisinha. Eu não posso acreditar nisso!

**Mãe:** — Sempre? Todas as vezes?

**Filha:** — Quase sempre. Estamos conversadas?

**Mãe:** — Hum... ainda não. *Quase sempre* significa que você ainda assim pode ficar grávida, sabia?

**Filha:** — Eu não vou ficar grávida!

**Mãe:** — Que ótimo que você tem certeza disso. Mas só queria saber o que poderíamos fazer para que *eu* tivesse essa certeza também.

**Filha:** — Não cabe a mim deixá-la mais segura em relação a isso.

**Mãe:** — Não, acho que não. Mas eu de fato me preocupo com essa situação toda e não gostaria de me preocupar tanto.

**Filha:** — Ótimo. É só parar de se preocupar. Pronto!

**Mãe:** — Quisera eu que isso fosse fácil. Veja, já que estamos falando disso, podemos falar sobre mais uma coisinha?

**Filha:** — Essa conversa já está indo longe demais.

**Mãe:** — Seria melhor conversarmos então em outro momento?

**Filha:** — Não, vamos acabar logo com isso.

**Mãe:** — Você não acha que é muito jovem para manter relações sexuais com seu namorado? Você tem certeza de que pode lidar com todos os sentimentos que estão envolvidos nisso? E a sua reputação na escola?

**Filha:** — Mãe, eu transo com Ken há muito mais tempo do que você imagina. Eu consigo lidar com isso, sim. Eu o amo. Ele me ama. O que os outros pensam não me interessa.

**Mãe:** — Tá bom. Veja, eu só queria conversar sobre essas coisas — ter certeza de que você está fazendo tudo isso bem consciente! Eu não fazia sexo com 15 anos e não achava que minha filha fosse fazer.

**Filha:** — Sinto muito por decepcioná-la. Mas eu realmente estou bem. É legal você se preocupar comigo... Quer dizer, mais ou menos.

**Mãe:** — Bem, eu não estou totalmente convencida de que você esteja bem, mas por enquanto vou deixar isso pra lá. Então, já que você vai continuar transando — e acho que eu não tenho como fazê-la parar —, poderia pelo menos ir comigo ao ginecologista para ele te indicar um método contraceptivo mais confiável? O que acha?

**Estou cansada de tudo isso. Estou farta do meu filho e não tenho mais energia para todas essas conversas e para tentar resolver os problemas da maneira como você descreveu. Você tem algum conselho?**

Viver com uma criança explosiva exige muito esforço e energia. Isso significa que devemos encontrar soluções para lhe devolver essa energia. Eu já tive oportunidade de ver a abordagem aqui descrita alcançar exatamente esse intento. Assim que os pais começam a compreender as dificuldades do filho e a reagir de uma maneira mais produtiva, a criança passa a ter menos acessos de raiva. Em decorrência disso, os pais começam a sentir que podem ter maior controle sobre a própria vida e, portanto, passam a se sentir cada vez mais revigorados e otimistas quando as coisas saem a contento.

Contudo, é igualmente verdade que alguns pais precisam refletir sobre si mesmos (às vezes com a ajuda de um terapeuta), precisam encontrar alternativas para passar algum tempo longe do filho e recarregar as energias. Além disso, precisam encontrar alternativas para se concentrar em outros aspectos da vida que não o seu filho. Clínicos de saúde mental, grupos de apoio, instituições e entidades de serviço social, cônjuge, parentes e amigos muitas vezes podem ajudar.

Capítulo 8

# Ensine bem os seus filhos

Já abordamos até aqui uma quantidade razoável de informações básicas. Neste momento, espero que você já tenha identificado as *vias* de seu filho (habilidades que precisam ser ensinadas) e os vários *desencadeadores* que habitualmente catalisam seus acessos de raiva (problemas que precisam ser resolvidos). É bem provável que você já tenha conseguido diminuir um pouco a tensão em sua família eliminando (com o Plano C) algumas expectativas dispensáveis e irrealistas. E também é bem provável que tenha reduzido ainda mais a probabilidade dos acessos de raiva resolvendo colaborativamente (com o Plano B) alguns dos problemas que costumavam provocá-los. Tenha em mente que, no início da aplicação do Plano B, provavelmente você vai se sentir como se estivesse pisando no lodo. É preciso tempo para pegar o ritmo desse plano.

Entretanto, como já lhe foi possível constatar aqui, é também verdade que algumas habilidades específicas são indispensáveis para a criança participar dos diálogos do Plano B. Como verá, essas habilidades já foram descritas no Capítulo 3, no momento em que examinamos as vias; agora, precisamos refletir melhor sobre como essas habilidades podem ser ensinadas. Falaremos a esse respeito logo a seguir. E enquanto estivermos abordando esse assunto, não podemos nos esquecer de mencionar outras habilidades examinadas no Capítulo 3, para que, desse modo, tenhamos a garantia de que cobrimos todos os fatores essenciais.

## HABILIDADES NECESSÁRIAS PARA PARTICIPAR DO PLANO B

São três as habilidades básicas necessárias para uma criança participar dos diálogos do Plano B. Primeiramente, ela deve ser capaz de *identificar e expressar suas inquietações*. Do contrário, não conseguiremos trazer à tona duas inquietações, e nosso 'navio' — o Plano B — não levantará âncora, não zarpará. Em segundo lugar, ela deve ser capaz de *levar em consideração uma série de soluções possíveis*. Do contrário, o 'navio' ficará encalhado. E, por fim, ela deve ser capaz de *refletir sobre a praticabilidade das soluções e seus prováveis efeitos e sobre até que ponto essas soluções são mutuamente satisfatórias*. Senão, o 'navio' vai zarpar sem rumo, em direções aleatórias, e talvez nunca chegue ao destino desejado. Se seu filho não tiver essas habilidades, o trabalho que terá pela frente será mais volumoso. Examinemos cada uma delas distintamente.

### Identificando e expressando suas inquietações

Quando você está tentando trazer à tona as inquietações de seu filho e lhe pergunta: "E aí, o que houve?", há uma grande probabilidade de ele responder: "Eu não sei". Isso significa que o Plano B talvez tenha fracassado? Algumas crianças sinceramente não sabem qual é sua inquietação; outras não têm habilidades de linguagem para dizer com clareza qual é sua inquietação. Felizmente, pelo fato de os acessos de raiva serem fáceis de prever — repetindo, os acessos de seu filho com freqüência são ocasionados pelos mesmos problemas e frustrações —, podemos fazer suposições fundamentadas sobre o motivo pelo qual seu filho está frustrado.

Apresentamos a seguir um exemplo de diálogo do Plano B Proativo, se for o seu desejo tentar ajudar seu filho a identificar sua inquietação:

> **Pai ou mãe (empatia):** — Percebi que você não quer mais tomar seu remédio.
>
> **Criança:** — Isso mesmo.
>
> **Pai ou mãe:** — O que houve?
>
> **Criança:** — Não sei.

**Pai ou mãe:** — Você não sabe por que não quer mais tomar seu remédio?

**Criança:** — Não. Simplesmente não quero.

**Pai ou mãe:** — Bem, acho que tenho idéia dos motivos que levariam uma pessoa a não querer tomar remédio. Posso tentar adivinhar? Daí, podemos juntos tentar resolver esse problema.

**Criança:** — Tá bom.

**Pai ou mãe:** — Parece que o remédio às vezes te deixa cansado. É isso?

**Criança:** — Bom, é verdade... ele me deixa um pouco cansado, mesmo, mas isso não me incomoda tanto.

**Pai ou mãe:** — Certo. Acho que não é bem isso, então. Será que é porque você está encontrando dificuldade para engolir o comprimido? Percebi que isso não tem sido fácil para você.

**Criança:** — Como você sabe, mãe?

**Pai ou mãe:** — Porque parece que você fica engasgado quando tenta engolir o comprimido.

**Criança:** — É isso mesmo.

**Pai ou mãe:** — É? Você está tendo dificuldade para engolir o comprimido? É por isso que você não quer tomar seu remédio?

**Criança:** Acertou.

Assim que a inquietação da criança é identificada e trazida à tona, o diálogo do Plano B pode continuar, agora com o segundo e o terceiro passos — definição do problema e convite —, como descrito no Capítulo 6.

Suponhamos que a hipersensibilidade sensorial seja um desencadeador habitual dos acessos de seu filho. Contudo, embora ele saiba, por exemplo, que as etiquetas de suas roupas o incomodam, ele tem dificuldade para verbalizar essa sensibilidade. Faria sentido ajudar seu filho a expressar essa inquietação — por exemplo, "Essa etiqueta está me incomodando" —, para evitar os palavrões, os gritos e os disparates que normalmente acompanham esse incômodo. Vejamos um exemplo:

**Pai ou mãe:** — Percebi que você fica bastante incomodado com as etiquetas das suas roupas.

**Criança:** É.

**Pai ou mãe:** — E também que não é tão fácil para você dizer que as etiquetas estão te machucando.

**Criança:** — Por quê?

**Pai ou mãe:** — Bem, quando as etiquetas o incomodam, às vezes você grita ou solta algumas palavras que não são muito legais.

**Criança:** — Hum...

**Pai ou mãe:** Por isso, estava pensando que talvez pudéssemos encontrar uma maneira de você dizer que as etiquetas estão te incomodando, sem que precise falar palavrões. Você tem alguma idéia do que você poderia dizer?

Naturalmente, tendo em vista que as crianças progridem quando têm capacidade para isso, deveríamos supor que, se a criança já conhecesse palavras mais apropriadas, ela simplesmente as estaria empregando. Portanto, prepare-se para lhe oferecer algumas sugestões:

**Criança:** — Não.

**Pai ou mãe:** — Eu tenho uma idéia. Gostaria de saber qual é?

**Criança:** — Sim.

**Pai ou mãe:** — Que tal "As etiquetas me incomodam"?

**Criança:** — Hum... Tá bom.

**Pai ou mãe:** — Você acha que é capaz de dizer isso quando uma etiqueta o incomodar, em vez de algumas das coisas que normalmente diz?

**Criança:** — Acho que sim.

**Pai ou mãe:** — Se você se esquecer, posso lembrá-lo disso, não?

Por um mero acaso, simplesmente trazendo à tona o problema, você permitiu que seu filho ficasse sabendo que você não acha as palavras que ele usa apropriadas (é claro que ele provavelmente já sabia disso). É óbvio que o novo vocabulário de seu filho não vai se enraizar de um dia para o outro. É bem provável que ele necessite de alguns lembretes circunstanciais:

**Criança:** — Eu detesto esta camiseta! É um pé no saco!

**Pai ou mãe:** — Oh-oh, parece que a etiqueta dessa etiqueta está te incomodando mesmo.

Observe que o pai ou a mãe não está lembrando o filho ao dizer "Não se esqueça do que combinamos ontem" ou "Você não pode falar comigo dessa maneira", porque esses não são lembretes específicos o suficiente do novo vocabulário.

Sem dúvida, "A etiqueta desta camiseta está me incomodando" é uma frase bastante específica. Ela se aplica apenas às situações em que as etiquetas incomodam. Desse modo, é sempre produtivo ensinar um conjunto de frases mais gerais que possam ser aplicadas em diferentes circunstâncias. Nós, adultos, superestimamos muito nosso vocabulário quando temos de expressar nossas frustrações. A verdade é que normalmente nos valemos apenas de algumas expressões invariáveis. As frases que você deveria ensinar a seu filho poderiam ser: *"Espere um minuto"*, *"Eu não estou disposto a falar disso nesse exato momento"*, *"Eu preciso de ajuda"*, *"Eu não me sinto bem"*, *"Isso não está saindo do jeito que imaginei"* e *"Eu não sei o que fazer"*. Ensinar essas frases é exatamente igual a ensinar a frase sobre a 'etiqueta' descrita antes. E não há dúvida de que será necessário usar alguns lembretes gentis também nessas frases.

**Mãe:** — Jackson, como foi o seu dia hoje na escola?

**Jackson:** — NÃO ME FAÇA ESSA PERGUNTA!!! CALE A BOCA!!!

**Mãe:** — Parece que você não está disposto a falar disso neste exato momento.

**Jackson:** — EU NÃO ESTOU DISPOSTO A FALAR DISSO NESTE EXATO MOMENTO!

**Mãe:** — Tudo bem. Talvez você se disponha a falar disso mais tarde.

Com que rapidez seu filho usará com segurança esse novo vocabulário? É difícil dizer. Porém, se essa é a habilidade que está faltando a seu filho, essa é a maneira de ensiná-la.

## Levando em consideração uma série de soluções possíveis

Como você já sabe, o terceiro passo do Plano B é o convite. Esse é o passo em que seu filho está tentando imaginar possíveis soluções (definidas pelas duas inquietações que foram colocadas em pauta nos primeiros dois passos) para um determinado problema. De acordo com o que abordamos no Capítulo 6, se seu filho não está conseguindo imaginar nenhuma solução, isso é sem dúvida um sinal de que ele provavelmente esteja encontrando dificuldade. Obviamente, porém, isso também pode ser um sinal de que você nunca lhe deu oportunidade para tanto. Desse modo, é possível que as habilidades de seu filho nessa área sejam melhores do que você imagina. Entretanto, se a habilidade dele para imaginar soluções não for suficientemente boa, com certeza ele poderá melhorá-las simplesmente ao ouvi-lo várias vezes propondo possíveis soluções.

Contudo, algumas crianças, quando têm de imaginar soluções, realmente não sabem por onde começar — nem de leve. Por isso, precisamos dar a elas um ponto de partida. É difícil acreditar, mas já foi constatado que a vasta maioria das soluções aos problemas enfrentados pelos seres humanos pode ser classificada em uma destas três categorias gerais: (1) *pedir ajuda*; (2) *ceder um pouco/abrir mão*; e (3) *fazer de uma maneira diferente*. Essas categorias podem ser extremamente úteis para as crianças cujas vias encontram-se no domínio de processamento da linguagem, pois elas simplificam a linguagem da resolução de problemas e podem ser ensinadas por meio de figuras (se as palavras forem muito enfadonhas). Além disso, essas categorias podem ser úteis para crianças que se sucumbem facilmente a uma gama de soluções possíveis. Em primeiro lugar, você deve apresentar as categorias a seu filho no momento apropriado; depois, quando estiver tentando imaginar soluções por meio do Plano B, use as categorias como estrutura para ponderar sobre as soluções:

**Adulto:** — Percebi que ultimamente você não tem se mostrado muito disposta a ir à ginástica. O que está havendo?

**Criança:** — Eu não gosto da minha nova professora.

**Adulto:** — Você não gosta da sua nova professora. Quem? A Jane? Por quê?

**Criança:** — É uma chatice. Ela só dá alongamento. Tédio total.

**Adulto:** — Sei, mas deixe-me ver se entendi bem. Você não tem se sentido muito disposta ultimamente a ir à academia porque é um tédio... a professora só dá exercícios de alongamento.

**Criança:** — Isso mesmo.

**Adulto:** — Entendo. É que você normalmente gosta de ir à ginástica. Além disso, você é muito boa nisso. Ficaria triste se você desistisse.

**Criança:** — É, mas eu não ligo.

**Adulto:** — Mesmo? Tem certeza de que não se importa?

**Criança:** — Não, se as aulas continuarem sendo só um monte de exercícios de alongamento.

**Adulto:** — Bem, será que não tem uma maneira de solucionar esse problema para que você volte a freqüentar as aulas da academia como antes?

**Criança:** — A Jane não vai mudar as aulas dela.

**Adulto:** — Talvez você tenha razão. Mas vamos pensar um pouco sobre isso. Não estou certa de que 'pedir ajuda' seja uma solução para esse problema. E não consigo imaginar como poderíamos 'ceder um pouco' ou 'abrir mão' nessa questão, especialmente se você acha que a Jane não vai mudar as aulas. Acredito que nessa situação poderíamos 'tentar fazer isso de uma maneira diferente'. O que você acha?

**Criança:** — Eu não sei qual poderia ser essa maneira diferente.

**Adulto:** — Bem, a Jane não é a única que dá aulas para a sua idade na academia. O principal motivo de termos escolhido a aula dela foi porque você também faz inglês no mesmo dia da ginástica e conseguimos manter os dois. Mas tenho certeza de que podemos mudar o inglês para um horário diferente. Daí você poderia mudar de turma na ginástica. O que acha?

Obviamente, esse diálogo do Plano B continuaria até que os dois conseguissem chegar a uma solução realista, factível e mutuamente satisfatória. Além de resolver o problema, o Plano B teria possibilitado que a criança começasse a usar gradativamente as categorias como estrutura para imaginar soluções. Espera-se que, com o tempo, a criança não mais precise de um 'lobo frontal substituto' para conduzi-la nesse processo.

## Refletindo sobre a aplicabilidade das soluções e seus prováveis efeitos e sobre até que ponto essas soluções são mutuamente satisfatórias

Pelo menos no início, os pais perdem a fé no Plano B principalmente porque a criança não consegue levar adiante a solução ajustada entre as partes. Como você sabe, isso em geral é um sinal de que a solução não é realista (uma das duas partes envolvidas na realidade não era capaz de manter o que ambos combinaram) ou de que a solução não foi suficientemente adequada para sanar a inquietação da criança. Lembre-se de que o Plano B não é um exercício de *falsas ilusões*; é um trabalho diligente de colaboração para encontrar soluções factíveis e mutuamente satisfatórias.

Decorre que inúmeras crianças (talvez em especial aquelas cujas dificuldades estão relacionadas com a via das habilidades de execução) têm dificuldade de pensar sobre os prováveis efeitos das soluções que lhes vêm à mente. Outras (com freqüência aquelas cujas dificuldades estão relacionadas com as vias das habilidades de flexibilidade cognitiva e das habilidades sociais) têm dificuldade de ponderar sobre se as soluções que têm em mente são de fato realistas e se elas se aplicam a ambas as inquietações. No primeiro caso, o lobo frontal substituto pode prever e descrever os prováveis efeitos das soluções imaginadas. ("Bem, isso é o que eu acho que pode acontecer se optarmos por essa solução e essa é a situação que imagino caso você escolha a segunda opção. Entre essas duas conseqüências, qual você acha mais adequada?") Se a criança estiver tendo dificuldade para examinar se as soluções se aplicam a ambas as inquietações, os adultos podem responder da seguinte maneira: "Miguel, eu sei que você ficaria satisfeito com essa solução, mas ela não me agradaria nem um pouco. Vamos tentar encontrar uma solução que possa satisfazer *nós dois*". Se a criança não estiver conseguindo pensar numa solução mutuamente satisfatória, o lobo frontal substituto pode ajudá-la. Com o tempo, repetindo inúmeras vezes esse exercício, a criança com certeza terá maior habilidade para imaginar, por si só, soluções mutuamente satisfatórias.

## TREINANDO OUTRAS HABILIDADES COM O PLANO B

### Habilidades de processamento da linguagem

Algumas das habilidades discutidas anteriormente podem resultar da necessidade de lidar com dificuldades no processamento da linguagem. Contudo, como você pôde ver no Capítulo 3, existem algumas outras habilidades de processamento da linguagem sobre as quais vale a pena ponderar porque elas interferem na capacidade da criança de lidar eficazmente com as frustrações. Determinadas crianças, por exemplo, não conseguem demonstrar verbalmente que estão frustradas. Em outras palavras, falta a essas crianças um vocabulário básico que expresse emoções e sentimentos. Portanto, elas não dispõem de palavras para dizer que estão frustradas. Em vez disso, xingam, cometem agressões físicas ou destroem objetos.

Assim sendo, quando uma criança não dispõe de um vocabulário básico que expresse emoções e sentimentos, só há uma coisa a fazer: ensinar a ela esse vocabulário básico, começando com palavras como *feliz*, *triste* e, naturalmente, *frustrado*. Por que apenas três palavras? Porque — independentemente da idade da pessoa —, quando vamos com muita sede ao pote para ensinar novas habilidades acabamos por não ensinar nada. E porque, afinal de contas, esses três sentimentos representam mais ou menos 80% das emoções humanas. Quando a criança se sente à vontade com esse vocabulário básico e começa a usá-lo, outras palavras mais complexas — desanimado, inquieto, tumultuado — podem ser acrescentadas ao seu repertório.

Para determinadas crianças, mesmo a palavra *frustrado* já parece bastante complicada. Algumas na realidade não sabem pronunciá-la, caso em que 'irritado' ou 'bravo' serão suficientes. Outras se sentem extremamente decepcionadas quando têm de dizer *qualquer* que seja a palavra. Nesse caso, normalmente é conveniente pedir para que a criança aponte para figuras de rostos que expressem decepção ou classifique seu grau de frustração por meio de números — num sistema de classificação de 0 a 5, no qual 0 indica que a criança não está 'nem um pouco frustrada' e 5 indica que ela está 'demasiadamente frustrada'. Ou então é aconselhável usar cores. Por exemplo, verde quer dizer 'nem um pouco frustrada'; amarelo significa 'estou começando a ficar frustrada'; e vermelho quer dizer 'demasiadamente frustrada'. É claro que é fundamental que os adultos usem a mesma terminologia que a criança e lhe dêem oportunidade de usar a linguagem em outras situações em que não esteja muito frustrada.

Por exemplo, Helen — sobre a qual falamos no Capítulo 4 — aprendeu e aplicou seu vocabulário básico conversando com os pais, na hora de dormir, sobre acontecimentos passados. Seus pais lhe perguntavam se algum acontecimento naquele dia a havia deixado contente, triste ou frustrada. Se Helen não conseguisse se lembrar de acontecimentos específicos que pudessem ser classificados nessas categorias, eles lhe sugeriam algumas possibilidades. Se Helen tivesse dificuldade de nomear as emoções associadas com um acontecimento em particular, eles a ajudavam. Além disso, eles tiveram o cuidado de informar o professor de Helen sobre seu novo vocabulário, para que, desse modo, ela não ficasse confusa com terminologias diferentes. Quando Helen ficava frustrada e expressava sua frustração inapropriadamente ("Não! Eu não consigo fazer isso agora!", "Me deixe em paz!", "Vá se ferrar!" ou coisa pior), os pais e o professor, calmamente, faziam-na se lembrar de seu novo vocabulário ("Nossa, parece que você está mesmo frustrada!"). No decorrer de alguns meses, Helen começou a expressar suas emoções de uma maneira mais apropriada em um número cada vez maior de situações distintas. E seu vocabulário de emoções aos poucos foi se ampliando e se tornando mais complexo, até que por fim ela passou a incluir nele os termos *confuso*, *decepcionado*, *agitado*, *entediado* e *incomodado*.

Não se esqueça: assim como uma criança com deficiência de leitura não começará a ler da noite para o dia, uma criança (seja ela explosiva ou não) com dificuldade para reconhecer, expressar ou descrever sua frustração não começará a usar seu novo vocabulário da noite para o dia. Não há soluções temporárias nem fáceis. Mas também não é algo muito complicado e difícil de fazer ou compreender. As habilidades que estamos ensinando são razoavelmente básicas. É que pura e simplesmente essas habilidades não são ensinadas por meio de sanções.

Portanto, se xingar for um sinal de que uma criança normalmente não dispõe de habilidades lingüísticas para expressar sua frustração de modo adaptativo, então reagir aos palavrões e insultos com frases do tipo "Eu não admito que você fale comigo desse jeito!" ou "Vá para o seu quarto e só volte quando estiver disposto a falar comigo direito!" não seriam eficazes (a menos que seu filho de fato não soubesse que você não queria que ele falasse dessa forma com você ou não estivesse motivado a falar com você da maneira certa).

**Mãe:** — O que ocorreu esta semana foi péssimo e acho que ainda não consegui digerir bem isso.

**Terapeuta:** — Conte-me o que aconteceu.

**Mãe:** — Bem, eu estava fazendo panquecas para o almoço. Daniel entrou na cozinha e disse que não queria panquecas. Eu então lhe disse que era apenas isso o que tínhamos...

**Terapeuta:** — Perdão por interromper, mas você tinha a intenção de lidar com esse problema usando o Plano A?

**Mãe (rindo):** — Não.

**Terapeuta:** — Só estava curioso. Continue.

**Mãe:** — Em seguida, ele me insultou e saiu correndo da cozinha. Fui atrás dele e lhe disse que ficaria de castigo por uma semana por ter me insultado daquele jeito. Ele me disse para ficar longe dele. Insisti para que se desculpasse naquele exato momento. De repente, ele ficou enfurecido e permaneceu assim por meia hora.

**Terapeuta:** — Parece ter sido uma experiência extremamente desagradável. Você mencionou que queria lidar com as coisas de forma diferente?

**Mãe:** — Na verdade, eu não deveria ter usado o Plano A para lidar com esse problema das panquecas — eu poderia tê-lo ajudado a escolher outra coisa para comer.

**Terapeuta:** — Correto. Você poderia ter feito isso com o Plano B ou com o Plano C. Algo mais?

**Mãe:** — Acho que eu não deveria ficar tão perturbada quando ele me xinga.

**Terapeuta:** — É muito difícil não se descontrolar quando um filho nos insulta. Mas já faz algum tempo que você o vem punindo por insultá-la com palavrões e ainda assim ele faz isso toda vez que fica frustrado. Por isso, acho que ele não precisa mais de lições sobre a importância de não xingar ou de maior motivação para não fazer isso. No momento, tenho quase certeza de que ele não consegue expressar bem sua frustração sem xingar. Portanto, ele precisa de sua ajuda.

**Mãe:** — Então, o que eu deveria ter dito?

**Terapeuta:** — Você tinha alguma inquietação a ser considerada naquele momento? Quer dizer, além dos palavrões?

**Mãe:** — Hum... bem, na verdade, eu não estava muito disposta a fazer outra coisa para ele... Estava com um pouco de pressa, entende? Mas não é muito provável que ele quisesse que eu lhe preparasse uma omelete! Não, acho que na realidade eu não tinha nada a considerar naquele momento.

**Terapeuta:** — Daí você teria lidado com isso com o Plano C. Nesse caso, você teria dito: "Acho que você está querendo dizer que deseja que eu lhe prepare outra coisa para comer, não panquecas. O que você gostaria de comer?".

**Mãe:** — Então eu fui descuidada e pus tudo a perder, não é isso?

**Terapeuta:** — Não, você não pôs tudo a perder... isso é de fato muito difícil. É natural que seu instinto imediato seja puni-lo quando ele a insulta com palavrões. E eu estou lhe pedindo para fazer algo diferente porque a punição não está funcionando. Mas isso é difícil mesmo.

**Mãe:** — Sem dúvida. Como ele pode aprender que xingar não é legal?

**Terapeuta:** — Antes de tudo, acho que ele já sabe isso. Ele xinga apenas em uma circunstância: quando está frustrado. Se ele achasse o contrário, ele a xingaria em outros momentos também. Porém, mesmo que ele achasse que xingar é legal, você ainda assim estaria deixando claro para ele que não é legal propondo-lhe palavras diferentes. Acho que vale a pena salientar que Daniel agiu de maneira bastante adaptativa no incidente que você descreveu.

**Mãe:** — Ah, é? Como assim?

**Terapeuta:** — Em vez de confrontá-la na cozinha, ele se desvencilhou da situação. Em outras palavras, ele se ausentou. Ele se dirigiu para outro cômodo da casa. Ele nunca teria tido essa atitude antes. Porém, você foi atrás dele.

**Mãe:** — É verdade, eu fui.

**Terapeuta:** — Então, temos mais trabalho pela frente. Mas estamos chegando lá.

No caso de crianças com disfunções de linguagem, os terapeutas da linguagem podem ser muito úteis no sentido de facilitar várias das habilidades pragmáticas discutidas neste e no capítulo precedente. Eles podem, mais especificamente, ajudá-las a nomear suas emoções, a identificar e a expressar suas frustrações e a imaginar soluções.

## Habilidades de execução

Vamos recapitular algumas das habilidades de execução examinadas no Capítulo 3: *organização e planejamento, mudança de padrão cognitivo* e *separação de sentimentos*. Como o Plano B trabalha as dificuldades que uma criança pode estar enfrentando nesses domínios? Bem, o Plano B oferece a seu filho um sistema organizado, estruturado e previsível para resolver problemas e o ajuda a refletir sobre uma série de soluções possíveis (além da primeira que lhe salta à mente) e a prever os prováveis resultados das soluções alternativas. O Plano B Proativo pode ajudar você e seu filho a solucionar problemas previsíveis com respeito a mudanças ou transições necessárias ao longo do dia em sua família (por exemplo, dormir e acordar para a escola, vestir-se e em seguida tomar o café da manhã, tomar o café e logo pegar o ônibus escolar, sair da escola e ir para casa, estar livre e fazer o dever de casa e assistir à TV e jantar ou ir para a cama). E dentre todas as coisas que o Plano B faz bem, é auxiliar o seu filho a não reagir emocionalmente diante de um problema, para que desse modo, permaneça suficientemente calmo para pensar (separação de sentimentos), estaria entre os primeiros itens da lista. Muitas crianças que têm dificuldade com as habilidades de execução são também hiperativas e/ou desatentas e, como descrito no Capítulo 10, podem ser auxiliadas igualmente com medicamentos.

## Habilidades de regulação emocional

Como examinamos no Capítulo 3, as crianças que têm dificuldade de regular as próprias emoções são com freqüência mais irritáveis ou ansiosas que as outras. E, como também vimos, a irritabilidade e a ansiedade impedem que todos nós pensemos com clareza, sob coação. Há uma tendência bastante forte (especialmente nos Estados Unidos) de usar medicamentos para diminuir a irritabilidade e a ansiedade da criança. Além disso, para algumas delas, o medicamento é sem dúvida indispensável. Contudo, um dos motivos que acabam fazendo com que esses medicamentos sejam utilizados em demasia é que os profissionais que os prescrevem em geral ainda não têm conhecimento a respeito das vias e não conseguem de fato identificar a raiz da irritabilidade ou da ansiedade da criança. Será que o Plano B é capaz de diminuir a ansiedade e a irritabilidade da criança? Com certeza — em primeiro lugar ajudando os pais e a criança a solucionar os problemas que estão aumentando sua irritabilidade e ansiedade. Em outras palavras, para inúmeras crianças, a irritabilidade e a ansiedade provêm de problemas crônicos que jamais foram solucionados.

Então, será que a criança pode ficar menos ansiosa se definitivamente encontrarmos uma maneira de solucionar o problema do monstro debaixo da cama? Será que podemos diminuir a ansiedade da criança e melhorar seu humor se as ameaças que ela sofre na escola de colegas valentões forem de uma vez por todas solucionadas? Se o problema de uma deficiência de aprendizagem ainda desconhecida que vem influenciando adversamente seu desempenho escolar for por fim resolvido, de uma vez por todas? Se seu pai finalmente admitir que é alcoólatra e se tratar? Os medicamentos não solucionam esses problemas, tampouco as sanções. Só mesmo resolvendo os problemas é que os problemas são resolvidos.

## Habilidades de flexibilidade cognitiva

Como provavelmente você deve se lembrar, as crianças cujas dificuldades originam-se da via da flexibilidade cognitiva normalmente lidam com o mundo de uma maneira extremamente radical, literal e rígida. Elas têm dificuldade de lidar com aspectos mais relativos da vida — por exemplo, resolução de problemas, interações sociais e circunstâncias imprevisíveis. De uma maneira distinta, cada um dos três passos do Plano B pode ser extremamente útil para ajudar essas crianças a lidar de um modo mais adaptativo com a necessidade de serem flexíveis e tolerantes a frustrações.

O primeiro passo — *empatia* e *garantia/reconforto* — é indispensável a essas crianças porque em geral, por serem rígidas, elas reagem de uma maneira muito emocional quando se dão conta de que os acontecimentos não vão se desdobrar da forma como imaginaram. Em inúmeras circunstâncias, em vez de trazerem à tona suas inquietações, elas propõem soluções rígidas. Portanto, esclarecer suas inquietações pode lhes dar maior flexibilidade e espaço de manobra em relação às soluções propostas, permitindo mudanças posteriores. Porém, tendo em vista que as inquietações dessas crianças tendem a ser consideravelmente desmedidas — e até estranhas — mesmo para um ouvinte que não esteja sofrendo pressões psicológicas, elas acabam se acostumando com a atitude do adulto (e em geral também dos colegas) de mais que depressa ignorar suas inquietações. Regra número um: não importa até que ponto as inquietações da criança lhe pareçam estranhas ou insensatas, elas não o são para a própria criança. Por isso, é extremamente importante ter o cuidado de levá-las em conta. Isso pode ser muito reconfortante para a criança que já está praticamente convencida de que suas inquietações jamais serão levadas em conta.

O segundo passo do Plano B — *definição do problema* — auxilia a criança a realizar alguma coisa para a qual nunca teve muita habilidade: levar em conta as inquietações de outra pessoa. Repetindo, a criança não é obrigada a se interessar por sua inquietação para resolver um problema colaborativamente. Além disso, ela não é obrigada a se preocupar com sua inquietação. Ela precisa única e exclusivamente levá-la em conta. Às vezes, ajudar uma criança rígida e inflexível a simplesmente *ouvir* a inquietação de uma pessoa sem explodir de imediato já é uma conquista e tanto.

Por fim, o terceiro passo do Plano B — o *convite* — auxilia a criança a fazer outra coisa para a qual jamais teve muita habilidade: adaptar-se à idéia de que provavelmente existem nuanças entre o preto e o branco e que com certeza existe uma variedade de caminhos para solucionar um problema, além da forma que originalmente ela imaginou. A princípio, isso com freqüência exige doses maciças de garantia e reconforto (de que sua inquietação será de fato considerada). E crianças assim em geral se beneficiam quando alguém faz com que elas se lembrem de como encontraram soluções semelhantes em circunstâncias passadas.

## Habilidades sociais

No Capítulo 3, examinamos as diferentes habilidades sociais que aumentam a capacidade de flexibilidade e tolerância a frustrações de uma criança, dentre elas lidar com indícios e nuanças sociais; interpretar com precisão esses indícios; associar esses indícios com experiências passadas; ter um amplo repertório de respostas; e reconhecer que impressão elas estão passando; e avaliar até que ponto seu comportamento está influindo em outras pessoas. Essas habilidades podem demorar a ser aprendidas. Mas lembre-se pelo menos de uma coisa: ensinar essas habilidades sempre requer menos tempo do que não as ensinar.

Nós não abordaremos todas as habilidades sociais que acabamos de citar. Contudo, ilustraremos algumas, começando pela interpretação

## A Criança Explosiva

precisa dos indícios sociais. Algumas crianças 'escorregam' em algumas interpretações impulsivas e imprecisas de suas próprias experiências e das intenções alheias, como "Isso não é justo!", "Você sempre me culpa!", "Ninguém gosta de mim" e "Eu sou um estúpido". Se negligenciadas, essas interpretações podem provocar uma combustão espontânea.

**Adulto:** — Cindy, você gosta de ir à escola?

**Cindy:** — Eu detesto escola.

**Adulto:** — Você detesta escola? O que você detesta na escola?

**Cindy:** — Eu simplesmente não gosto de escola.

**Adulto:** — Que pena, porque você tem que ficar muito tempo na escola. Mas de que exatamente você não gosta?

**Cindy:** — As outras crianças acham que eu sou estúpida.

**Adulto:** — Eles acham isso? Como?

**Cindy:** — Simplesmente acham.

**Adulto:** — Fale para mim o que você quer dizer com a palavra "estúpida".

**Cindy:** — Ah, pateta... burra, entende?

**Adulto:** — É, isso não deve soar muito bem para você. O que a faz pensar que as outras crianças acham você burra? Elas dizem isso para você?

**Cindy:** — Não, não é bem assim. Eu só sei que elas acham isso.

**Adulto:** — Existe alguém mais que faz você acreditar que é estúpida?

**Cindy:** — Não.

**Adulto:** — Bem, então deve haver algum motivo para você pensar que as outras crianças acham você estúpida. O que a faz acreditar nisso?

**Cindy:** — Às vezes eu dou algumas respostas erradas na sala de aula.

**Adulto:** — É, algo assim pode deixá-la bastante constrangida. Você consegue se lembrar de uma circunstância em que isso tenha ocorrido?

**Cindy:** — Bem, por exemplo, na semana passada, estávamos resolvendo problemas de matemática no quadro-negro e minha resposta estava incorreta.

**Adulto:** — As outras crianças riram?

**Cindy:** — Não, nem um pouco.

**Adulto:** — Alguém caçoou de você por ter dado a resposta errada?

**Cindy:** — Não.

**Adulto:** — Alguma outra criança também errou?

**Cindy:** — Sim, várias.

**Adulto:** — Elas são estúpidas quando elas dão respostas erradas?

**Cindy:** — Não.

**Adulto:** — E qual a diferença quando *você* dá uma resposta errada?

**Cindy:** — Eu não sei. Eu simplesmente acho que eles pensam que sou burra.

**Adulto:** — Humm... Quando você dá uma resposta errada, você é estúpida, mas quando as outras crianças é que dão uma resposta errada, elas não são. Eu não consigo entender.

**Cindy:** — Eu também não.

**Adulto:** — Isso está um pouco confuso porque suas notas são de fato muito boas. Como você pode ser estúpida e ainda assim conseguir tirar ótimas notas?

**Cindy:** — Não sei.

**Adulto:** — Talvez você não seja estúpida, não...

**Cindy:** — Eu sou, sim. Por exemplo, às vezes eu não consigo compreender o que acabo de ler e tenho de voltar e ler tudo de novo.

**Adulto:** — Isso ocorre comigo também algumas vezes. Curioso... Eu não me acho estúpido porque tenho de ler algumas coisas duas vezes.

**Cindy:** — Mas eu não sou você.

**Adulto:** — Sua professora sabe que as outras crianças acham que você é estúpida?

**Cindy:** — Sim.

**Adulto:** — O que a sua professora diz a esse respeito?

**Cindy:** — Ela diz que me acha muito inteligente.

**Adulto:** — Isso a ajuda a se convencer de que você não é estúpida?

**Cindy:** — Não.

**Adulto:** — Há alguma outra coisa na escola de que você não goste, além do fato de as outras crianças acharem que você é estúpida?

**Cindy:** — Bem, ninguém gosta de mim.

Com certeza, interpretações tão inflexíveis quanto essas com freqüência desafiam a lógica. Além disso, em várias circunstâncias, essas interpretações aumentam o nível de frustração cumulativo de uma criança ou alimentam a frustração da criança em um determinado momento. Em geral, quando a criança faz essas afirmações apenas no momento em que está tendo um acesso, isso pode normalmente ser um sinal de que naquele instante ela está tendo dificuldade para pensar com clareza. Se ocorrerem em outro contexto que não o de um bloqueio ou colapso emocional, essas afirmações podem estar refletindo algo não tão transitório.

Livros e mais livros já foram escritos sobre como reestruturar os pensamentos inexatos e mal adaptativos de crianças e adultos. O objetivo é ajudar a pessoa a reconhecer a imprecisão de seu sistema de crenças e substituir os pensamentos inexatos que compõem esse sistema de crenças por formas de pensar mais precisas e adaptativas. Essa reestruturação normalmente requer a 'invalidação' dos pensamentos anteriores do indivíduo, apresentando — de uma maneira fácil de ser compreendida, discreta e sistemática — evidências que contradigam essas convicções rígidas. No caso de uma criança que empaca, acreditando piamente que é estúpida, o professor ou os pais precisam, em resposta às suas boas notas ou a uma tarefa, lhe fazer em segredo este comentário: "Eu sei que às vezes você se acha estúpida, mas não acredito que uma pessoa estúpida poderia se sair tão bem em uma prova de matemática". No caso de uma criança que de fato tem deficiência em uma determinada área e habilidades em outra, o *feedback* do professor poderia ser o seguinte: "Eu sei que você está se esforçando na leitura — e isso às vezes faz você se achar um estúpido —, mas nunca conheci ninguém que fosse tão bom em matemática. Na minha opinião, você é realmente muito bom em matemática, mas ainda precisa de um reforço em leitura". Ao oferecer continuamente esse *feedback* — não apenas em uma ou duas ocasiões —, às vezes conseguimos influir e diminuir a inflexibilidade do sistema de crenças da criança. Os pais e professores fazem esse tipo de coisa com todas as crianças. Com as crianças explosivas, isso é um pouco mais premente e exige mais tempo, paciência e dedicação. Contudo, seria uma conquista para uma criança que antes 'colocava no mesmo saco' todas as suas capacidades ao dizer "Eu sou estúpida", em vez de dizer "Eu sou boa em matemática, mas ainda preciso de algum reforço em leitura".

Examinemos agora algumas outras habilidades sociais. Suponhamos que uma criança esteja encontrando dificuldade para compartilhar seus brinquedos com outras crianças. Isso poderia ser reflexo de uma possível dificuldade de lidar com nuanças sociais (por exemplo, o fato de um companheiro de jogo estar amuado ou não estar em um bom momento) ou de uma dificuldade de avaliar o impacto do comportamento de alguém sobre os outros, ou ambos. Vejamos um exemplo de diálogo no Plano B Proativo, nesse aspecto:

**Pai ou mãe:** — Jen, você e a Susie brincaram bastante? Foi tudo bem hoje à tarde?

**Jen:** — Não sei. Acho que sim.

**Pai ou mãe:** — Hum... Eu não tenho tanta certeza. Para mim, ela não parecia tão contente quando você estava jogando videogame sozinha. Ela estava lá sentada, num canto, sem fazer nada.

**Jen:** — Ela estava me vendo jogar.

**Pai ou mãe:** — Tive a impressão de que ela estava meio cansada de só ficar olhando você jogar e de que ela também estava querendo jogar.

**Jen:** — Ela não me disse nada disso.

**Pai ou mãe:** — Sei... Mas eu posso afirmar, pela cara dela, que ela não parecia muito satisfeita, não.

**Jen:** — É?

**Pai ou mãe:** — Você gosta que Susie venha nos visitar, não gosta?

**Jen:** — Hum-hum.

**Pai ou mãe:** — É, eu também. Só estou um pouco preocupado(a) com a possibilidade de ela não estar se divertindo e, por isso, não querer mais nos visitar. Concorda?

**Jen:** — Sim.

**Pai ou mãe:** — Portanto, o que você acha que devemos fazer?

**Jen:** — Eu poderia me esforçar mais para deixá-la jogar também.

**Pai ou mãe:** — Sim, poderia. Isso seria maravilhoso. E acho que talvez eu possa ajudá-la a observar se Susie está de fato se divertindo na próxima vez em que ela vier nos visitar. Isso se você não notar, claro. O que acha?

**Jean:** — Tudo bem.

Os diálogos do Plano B Proativo normalmente são mais demorados do que o diálogo que acabamos de ilustrar, principalmente quando os assuntos são mais complexos, como compartilhar e avaliar até que ponto o comportamento de alguém está afetando outras pessoas. E como você já sabe, a primeira solução em geral não é eficaz. Porém, pelo menos as inquietações já estão sobre a mesa, já foi dada a cartada inicial e o bate-papo agora está rolando.

# Capítulo 9
# Dificuldades familiares

Uma criança explosiva pode desnudar inúmeras questões familiares que talvez nunca viessem à tona caso os pais tivessem tido a felicidade de ter um filho menos difícil. Além disso, tais questões também podem complicar ou impedir a implementação do Plano B. Padrões de comunicação mal adaptativos dentro da família, por exemplo, talvez dificultem ainda mais o diálogo produtivo entre os familiares sobre problemas importantes; em algumas circunstâncias, esses padrões de comunicação podem até mesmo atiçar os acessos de raiva. Os problemas existentes entre irmãos, nunca fáceis de contornar em situações ideais, podem ficar ainda mais complexos quando um dos irmãos frustra-se facilmente e é inflexível e explosivo. Às vezes, os próprios pais enfrentam dificuldades pessoais — estresse profissional, problemas financeiros ou problemas conjugais — que acabam sendo um obstáculo significativo para que despendam mais energia na aplicação do Plano B. E pode ocorrer também de os avós ou outros parentes não facilitarem essa empreitada. Portanto, vale a pena examinarmos mais de perto essas questões.

## IRMÃOS E IRMÃS

Mesmo nas assim chamadas *famílias comuns*, relacionamentos antagônicos entre irmãos podem ser considerados praticamente uma norma. Entretanto, acrescentar uma criança explosiva a essa mistura pode fazer a *competição normal* entre irmãos parecer algo realmente bem ameno. Por exemplo, embora em geral irmãos considerados 'comuns' ajam com demasiada hostilidade e grosseria entre si, esses atos tendem a ser mais intensos e traumatizantes quando são infligidos — cronicamente — por uma criança explosiva. E, embora habitualmente, os irmãos 'comuns' reclamem do tratamento preferencial e das disparidades em relação à atenção dispensada pelos pais, bem como de suas expectativas quanto a eles, esses problemas podem ganhar uma magnitude distinta nas famílias que convivem com uma criança explosiva, pois, nesse caso, ela pode exigir que os pais compartilhem tudo o que têm de maneira bem desproporcional. Concluindo, embora vários irmãos pareçam sentir extremo prazer em hostilizar e provocar um ao outro, um irmão explosivo em geral é menos capaz de reagir a tal antagonismo de uma forma adaptativa; o principal efeito desse tipo de interação, portanto, é instigar inúmeras explosões de raiva.

Felizmente, o Plano B pode melhorar o relacionamento entre irmãos. Dependendo da idade, é recomendável ajudar irmãos e irmãs a compreender por que o irmão explosivo age daquela maneira, por que seu comportamento é tão difícil de mudar, como é possível interagir com ele para que sua hostilidade e a probabilidade de agressões e ataques diminuam e o que os pais normalmente fazem para superar obstáculos e melhorar as coisas. Os irmãos tendem a ser mais receptivos entre si quando percebem uma melhora no tom geral dos relacionamentos dentro da família e quando o irmão explosivo passa a se irritar com menos freqüência e a agir ativamente no sentido de ajudar a melhorar o ambiente familiar.

No entanto, essa compreensão nem sempre evita possíveis reclamações dos irmãos de que existem tratamentos aparentemente duplos entre eles e o irmão (ou irmã) explosivo(a). Com base na constatação de que a atenção dos pais nunca é dispensada de uma maneira totalmente simétrica e que suas prioridades nunca são exatamente as mesmas para cada filho da família, evite reagir a essas reclamações sempre tentando, a todo custo, fazer com que seu filho explosivo se pareça com seus outros filhos. Em todas as famílias — na sua e na das demais pessoas — *justiça não é igualdade*. Nas famílias 'comuns', até mesmo os pais acabam percebendo que ajudam mais um filho que o outro no dever de casa, que suas expectativas em relação a um de-

## Dificuldades familiares

terminado filho são maiores ou que acalentam mais um que o outro. Em sua família, você age um pouco diferente com um filho inflexível e intolerante a frustrações, mas também age de modo distinto com cada um dos outros filhos, os quais têm suas próprias dificuldades. Portanto, quando os irmãos reclamam de que existem disparidades nas expectativas dos pais, aproveite essa excelente oportunidade para enfatizar algumas coisas e instruí-los.

> **Irmã:** — Não entendo por que você não fica brava com o Danny quando ele te xinga! Não é justo!
>
> **Mãe:** — Eu sei que é difícil para você ouvi-lo me xingar. Eu também não gosto disso nem um pouco. Mas na nossa família tentamos ajudar um ao outro e fazer o possível para que todos consigam aquilo de que precisam. Estou tentando ajudar Danny a se manter calmo quando fica frustrado e a usar palavras menos agressivas. É desse suporte que ele precisa.
>
> **Irmã:** — Mas é horrível ofender as pessoas. Você deveria ficar brava com ele quando ele age assim.
>
> **Mãe:** — Bem, eu não fico brava com você quando estou te ajudando nas lições de matemática, fico? E isso porque não acho que ficar brava vá fazer alguma diferença. Você se lembra do quanto eu ficava brava com Danny quando ele me ofendia? Isso não funcionou, funcionou? Só piorou as coisas. Portanto, no momento estou fazendo algo que acho que um dia vai funcionar melhor. — E penso que está começando a dar muito certo.
>
> **Irmã:** — Ah, é? E o que você faria se eu começasse a te ofender?
>
> **Mãe:** — Eu também a ajudaria a pensar em outras palavras. Entretanto, você não parece ter esse problema, o que é muito bom. Não é bem nisso que você precisa de minha de ajuda, é?
>
> **Irmã:** — Não, não... Eu preciso de ajuda em matemática.
>
> **Mãe:** — Exatamente.

É possível aplicar o Plano B nas interações entre um filho explosivo e os irmãos? Por que não? Os pais facilitam os diálogos nesse plano cuidando para que as inquietações de ambas as partes sejam consideradas e que as soluções apliquem-se a ambas. O Plano B continua sendo o mecanismo por meio do qual é possível ensinar algumas habilidades essenciais e solucionar problemas, exceto nas situações em que os irmãos estão interagindo. Os irmãos acabam se sentindo bem porque o irmão explosivo torna-se mais afável e acessível e menos intimidativo; eles percebem que suas opiniões estão sendo ouvidas, que estão envolvidos nesse processo de trabalhar em conjunto para buscar soluções que atendam às suas necessidades e são capazes de lidar com as coisas com imparcialidade. Seu filho explosivo, por sua vez, acaba se sentindo bem não apenas porque recebeu sua ajuda para deixar de tratar os irmãos de uma forma que mais tarde poderia se arrepender e para tentar encontrar soluções que atendam às suas necessidades, mas também porque você reforçou seu papel de coadjuvante. Mais dia menos dia, a meta de tentar encontrar soluções para as dificuldades, sem sua assistência (o que talvez já esteja ocorrendo em alguns momentos), será de seus filhos.

É bom ressaltar que, em algumas circunstâncias, o comportamento dos irmãos aparentemente angelicais começa a se deteriorar da mesma forma que o comportamento de sua irmã ou irmão explosivo começa a melhorar. Isso em geral é sinal de que as necessidades emocionais dos irmãos estão precisando ser examinadas mais de perto. Em alguns casos, uma terapia pode ser essencial aos irmãos e irmãs que ficaram traumatizados por causa do irmão explosivo ou que porventura estejam manifestando outros problemas cuja origem se encontra no antigo ambiente familiar em que viviam.

Se em sua opinião sua família precisa de ajuda para trabalhar essas questões, é mais que recomendável buscar a assistência de um terapeuta familiar competente. É igualmente aconselhável ler o excelente livro de Adele Faber e Elaine Mazlish, *Siblings Without Rivalry.*

## PADRÕES DE COMUNICAÇÃO

O terapeuta familiar também pode ajudar quando houver necessidade de realizar algumas mudanças fundamentais no modo como seu filho se comunica com você. Lidar eficazmente com um filho explosivo é mais fácil (observe que não é fácil, é *mais fácil*) quando os padrões de comunicação entre os pais e a criança são adaptativos.

## Dificuldades familiares

Quando esses padrões são mal adaptativos, é mais difícil lidar eficazmente com esse tipo de criança. Como talvez você já tenha percebido, alguns desses padrões são mais típicos de crianças explosivas mais velhas. Contudo, as sementes podem ter sido semeadas precocemente. Embora não seja uma lista exaustiva, apresentamos aqui uma amostragem dos padrões mais comuns.

Às vezes, pais e filhos entram num círculo vicioso — que chamamos de *especulação* — ao tirar conclusões erradas sobre os motivos ou cognições um do outro. Há quem chame esse padrão de *psicologização* ou *leitura mental*, e isso pode ter mais ou menos a seguinte aparência:

> **Pai ou mãe:** — O motivo de o Oscar não nos ouvir é que ele se acha muito mais esperto do que nós dois juntos.

Entretanto, não é tão incomum assim as pessoas tirarem conclusões erradas umas das outras. Na verdade, reagir bem a esses mal-entendidos — em outras palavras, dizer ou mostrar às pessoas o que de fato é real a respeito de nós mesmos de uma forma que elas possam nos compreender — é um talento genuíno e requer processamento mental bastante complexo e rápido. No caso de uma criança explosiva, é claro que esperar que ela realize um processamento mental complexo e rápido é um pouco problemático: ela não é muito boa nisso. Portanto, embora algumas crianças sejam capazes de reagir a especulações por meio de afirmações apropriadas e corretivas para deixar bem claro para as pessoas a verdade a respeito de alguma coisa, a criança explosiva talvez se considere imprecisa ao falar e acabe ficando extremamente frustrada. Essa é uma circunstância indesejável em si e por si só, mas é particularmente indesejável porque talvez não valha a pena despender muito tempo discutindo se Oscar se acha mesmo mais esperto que seus pais. Na realidade, essa questão é uma tentativa de desviar a atenção das pessoas do assunto principal, isto é, de que Oscar e seus pais ainda não sabem como superar sua inflexibilidade e a falta de tolerância a frustrações para que possam discutir e resolver questões de importância. Obviamente, a especulação pode ser uma via de mão dupla. Vindo da boca de uma criança, isso sairia mais ou menos assim:

**Oscar:** — Vocês sempre ficam extremamente bravos comigo só porque gostam de me dar ordens e de me humilhar.

Afirmações como essas podem ter o mesmo efeito de um desvio, especialmente quando os adultos seguem irrefletidamente o mesmo caminho da criança, que sai na frente a toda velocidade e ignora os sinais de perigo, levando toda a família para o abismo:

**Mãe:** — Sim, é isso mesmo, nosso principal objetivo na vida é te dar ordens e te humilhar. Não consigo acreditar no que você está dizendo depois de tudo o que já enfrentamos com você.

**Oscar:** — Bem, então qual é o seu principal objetivo?

**Pai:** — Nosso principal objetivo é ajudá-lo a ser *normal*.

**Oscar:** — Então, no momento, eu *não* sou normal. Puxa, muito obrigado, seu tonto.

A especulação será sempre um empreendimento de risco. Portanto, que tal estabelecer uma nova regra familiar com a qual todos concordem: os membros da família terão permissão de criticar apenas suas próprias idéias e motivações. Em outras palavras, você deveria falar apenas em *seu* nome, usando afirmações que deixem isso bem claro (até mesmo usando e enfatizando o 'eu'), como, por exemplo: "*Eu* fico preocupado por você ir dormir tão tarde" ou "*Eu* fico muito magoado quando você diz isso". Caso seu filho de fato precise de ajuda para expressar suas necessidades e frustrações, então suas tentativas de auxiliá-lo deveriam ser concebidas hipoteticamente ("Corrija-me se eu estiver errado, mas acho que o que você está tentando dizer é..." ou "Talvez o que está de fato te frustrando seja...") e deveriam conter o mínimo de *psicologização* e julgamentos de valor. Você precisará também de alguém que preste bastante atenção aos diálogos para que eles não se desviem do assunto principal. No momento, um terapeuta poderia cumprir essa função uma ou duas horas por semana. Contudo, no devido tempo, essa função deve ser desempenhada por um membro da família. Como você provavelmente já deve saber, para essa função, os pais ocupam lugar de destaque. Vários dos acessos de raiva que acontecem nas relações com uma criança explosiva têm pouco a ver com as questões que a princípio estavam em pauta na discussão. Quando os problemas são postos na mesa de uma maneira que não elimine a defensiva, essas crianças em geral se predispõem ou até se mostram ávidas por conversar a respeito de assuntos importantes dos quais possam tirar proveito, como os seguintes:

- De que modo elas podem lidar com a frustração e avaliar melhor e mais adaptativamente as coisas e até que ponto você é capaz de ajudá-las.
- Até que ponto você gostaria de começar a tentar resolver as divergências de opinião de uma maneira satisfatória para ambas as partes conversando educadamente.
- O que cada membro da família está dizendo que faz com que o outro fique na defensiva, e qual a melhor maneira de estabelecer um padrão de comunicação mais produtivo entre todos.

Com certeza, é também essencial ouvir atentamente o que a criança tem a dizer sobre esses assuntos; reconhecer que talvez só depois de muito tempo ela venha a desabafar; e lembrar-se de que, se ela não estiver preparada para falar de um assunto em um determinado momento, você provavelmente não terá muita sorte se tentar trazê-lo à tona. Volte ao assunto em outra ocasião, quando as chances estiverem a seu favor.

Outro padrão de comunicação mal adaptativo — denominado *sobregeneralização* ou *supergeneralização* — diz respeito à tendência de tirar conclusões gerais em resposta a eventos isolados. Vejamos aqui como isso ocorreria se partisse de um dos pais:

> **Mãe:** — Billy, talvez você consiga dizer a seu médico por que você nunca faz a lição de casa.
>
> **Billy:** — Do que você está falando, mãe?! Eu faço minha lição de casa todas as noites!
>
> **Mãe:** — Seus professores me disseram que você não fez algumas tarefas neste semestre.
>
> **Billy:** — É, assim como todo mundo! Que importância tem isso? Eu só deixei de fazer uma ou outra tarefa, mas parece que você está disposta a me crucificar por isso!
>
> **Mãe:** — Por que você sempre me trata tão mal e me critica tanto? Eu só quero o melhor para você.

**Billy:** — Então não se intrometa tanto na minha vida! Isso é o que é melhor para mim!

Que vergonha, porque com certeza deve haver outros meios pelos quais a mãe de Billy poderia ser mais útil ao filho em relação a seu dever de casa ou pelo menos obter uma garantia pequena que fosse de que estava procurando com respeito sua obediência na realização dos deveres de casa. Porém, sem supergeneralizar logo no início da conversa. Embora outras crianças às vezes possam ignorar as supergeneralizações dos pais para tentar solucionar problemas reais, várias crianças explosivas com freqüência reagem energicamente a afirmações desse tipo e podem não ter habilidade para reagir de modo apropriado com informações remediadoras. Para supergeneralizar menos, é recomendável usar expressões hipotéticas ("Oscar, acho que poderíamos conversar sobre isso sem gritarmos um com o outro" ou "Billy, se houver alguma coisa em que eu possa ajudá-lo no dever de casa, você me diz?" ou "Mary, eu não quero te importunar com relação ao dever de casa; será que poderíamos encontrar uma forma de eu ter certeza de que você está de fato fazendo seu dever?").

Quando são *perfeccionistas*, os pais não reconhecem o progresso que o filho está tendo e tendem a se apegar a uma visão obsoleta e imutável a respeito das capacidades do filho. Normalmente, o perfeccionismo é motivado mais pela ansiedade dos próprios pais do que pela falta de progresso da criança. Seja qual for sua origem, o perfeccionismo em geral é contraprodutivo em relação a crianças que de fato têm se esforçado para conseguir os resultados desejados ou que talvez estejam se sentindo demasiadamente frustradas em virtude de os pais alimentarem expectativas impraticáveis:

**Pai:** — Eric, sua mãe e eu estamos muito contentes com o seu ótimo desempenho na escola, mas você ainda não está se esforçando tanto quanto deveria.

**Eric:** — Hein?

**Mãe:** — E não é só sobre isso que queríamos conversar com você. Você tem ficado até tarde fazendo o dever de casa.

**Eric:** — E daí? Eu faço o dever, não faço?

## Dificuldades familiares

**Pai:** — Sim, tudo indica que você faz, mas gostaríamos que você fizesse mais cedo para que pudesse dormir mais.

**Eric:** — Pai, eu estou dormindo o suficiente.

**Pai:** — Mas não é bem isso o que achamos. Você levanta muito mal-humorado todos os dias. Além do mais, não está nada fácil acordar você de manhã. De agora em diante, queremos que você faça o dever assim que chegar da escola.

**Eric:** — Não... não vou fazer o dever assim que chego da escola! Eu preciso de um tempo! Que diferença isso faz?

**Mãe:** — Para nós, faz muita. Bom, eu e seu pai já conversamos sobre isso. Portanto, não há o que discutir. De agora em diante, você tem que fazer seu dever quando chegar da escola.

**Eric:** — Nem morto.

*Hum*. Eric parece não estar muito interessado em pensar no que foi pedido. Seja como for, o perfeccionismo (combinado ao Plano A) não é particularmente uma forma eficaz de envolvê-lo em uma conversa sobre esse assunto.

Outros padrões de comunicação mal adaptativos podem ser os seguintes: *sarcasmo*, o que é uma perda de tempo, no caso de crianças explosivas (em especial se elas pensarem de maneira extremista), ou demasiadamente frustrante porque elas não têm habilidade para perceber que os pais na verdade queriam dizer o oposto do que de fato disseram; *comentários mordazes* (Pai/mãe: "O que está havendo com você?! Por que você não consegue ser como sua irmã?"); *assolação*, às vezes chamada de '*catastrofização*'[1], casos em que os pais exageram na proporção das conseqüências do comportamento presente da criança sobre seu bem-estar futuro (Pai/mãe: "Já nos conformamos com a possibilidade de Hector mais dia menos dia acabar na cadeia"); *interrupção* (lembre-se de que antes de mais nada seu filho pode estar tendo dificuldade de organizar o pensamento) — suas interrupções não o ajudam; *repreensão* (Pai/mãe: "Quantas vezes eu tenho que lhe dizer que..."); *fixação pelo passado* (Pai/mãe: "Escuta, filho, já

---

[1] N. da T.: *Catastrofizar* é lidar com um problema trivial como se fosse uma catástrofe.

faz tempo que você tem esse problema... você acha que eu vou ficar animada só porque você tem se comportado bem há alguns meses?"); e *falar em nome de uma terceira pessoa* (Pai/mãe: "Eu fiquei muito aborrecida com isso, e seu pai vai lhe dizer o porquê... não é verdade, querido?"). Tudo isso é extremamente contraproducente.

Com o tempo, o objetivo é que você seja capaz de se comunicar com seu filho explosivo de uma maneira que ele não tenha dúvidas de que você consegue se controlar durante uma discussão, não desvia do assunto, reconhece quando uma discussão não levará a lugar algum, faz a discussão retornar ao tema original e lida mais adaptativamente com as coisas que são frustrantes para ambos. Essa é uma tarefa muito difícil, mas pode ficar ainda mais difícil se você deixar que sentimentos próprios muito fortes influenciem a maneira como reage com seu filho. Porém, as coisas podem mudar; talvez você só precise de um pouco de ajuda para fazê-las mudar.

## Pais

Não é preciso dizer que viver com uma criança explosiva é mais fácil quando os adultos conseguem se comunicar bem o suficiente para implementar o Plano B. Os adultos precisam pelo menos chegar a um consenso sobre como desejam abordar determinados problemas ou expectativas não atendidas. Se você não conseguir chegar a esse consenso, seu filho está fadado a continuar lidando com dois tipos completamente diferentes de expectativa, e nós já sabemos que assim esse barco vai permanecer encalhado.

Embora uma criança explosiva possa influenciar significativamente o relacionamento entre adultos, os problemas entre um casal, por sua vez, podem tornar a convivência com essa criança bem mais difícil. No caso dos parceiros que ainda não têm muita habilidade para resolver colaborativamente os problemas que surgem entre eles, tentar encontrar soluções com uma criança pode ser ainda mais desafiador. Os parceiros cujas dificuldades de relacionamento entre si acabam por exaurir suas forças em geral têm pouco a oferecer a uma criança explosiva que demanda mão-de-obra intensa. Às vezes, ou a mãe ou pai se sente exausto e ressente-se por ter de ocupar o lu-

## Dificuldades familiares

gar predominante porque o outro passa a maior parte do tempo no trabalho. Possíveis lutas pelo controle entre os adultos normalmente afetam suas relações com a criança. E algumas vezes problemas com padrastos e madrastas também podem ser ingredientes de grande influência nesse *mix* (Criança: "Fique fora disso! Você não é meu verdadeiro pai!" ou Padrasto: "Esse(a) menino(a) já era problemático(a) antes de eu entrar em cena... isso é com ele(a) e a mãe dele(a)"). Essas questões precisam ser solucionadas. Portanto, há casos em que a terapia de casal ou familiar é fundamental.

Inúmeros pais costumam se sentir demasiadamente desvigorados por conta de suas próprias dificuldades. Outros ficam extremamente amargurados pelo fato de terem de conviver com o destino de ter um filho explosivo. No caso de uma determinada mãe, os acessos de raiva do filho levavam-na a revisitar sua infância, fazendo-a lembrar-se dos abusos que sofrera, de modo que fica extremamente difícil para ela não reagir de modo visceral quando o filho lhe levanta a voz.

> **Mãe:** — Eu não estou usando o Plano A... Eu não vou fazer com ele o que meus pais fizeram comigo.
>
> **Terapeuta:** — Tudo bem.
>
> **Mãe:** — Mas não quero que ele me faça de gato e sapato e consiga de mim sempre tudo o que quer — assim como meus pais conseguiam de mim. Por isso, não estou usando o Plano C.
>
> **Terapeuta:** — Tudo bem.
>
> **Mãe:** — Então, o que eu devo fazer?
>
> **Terapeuta:** — Usar o Plano B.

Outra mãe sentia-se tão esgotada por cumprir a função de mãe o dia todo para seus três outros filhos que simplesmente não lhe sobrava nenhuma energia para ajudar o filho explosivo. Um pai teve de lidar primeiro com sua própria explosividade para só então conseguir ajudar a filha. (Para ele, várias das estratégias do Plano B que ele estava usando com a filha também o ajudaram a explodir menos.) Outro pai precisou ser medicado devido ao diagnóstico de TDA/H para levar adiante o plano que fora combinado no tratamento. Outro ainda teve de lidar com seu hábito de beber em excesso e com o impacto que isso causava em toda a família para prosseguir com o Plano B. É difícil tentar ajudar um filho, quando estamos sentindo necessidade de pôr nossa casa em ordem primeiro. Cuide-se. Faça o que puder para criar sustentação para si mesmo. Procure a ajuda de um profissional ou então outros tipos de apoio, caso precise disso. Essas coisas, por si só, não se transformam.

## Avós

Algumas vezes, é necessário incluir os avós nas sessões de terapia. Em várias famílias, os avós ou outros parentes cumprem a função de coadjuvantes, compartilhando com os pais os cuidados do filho enquanto estão no trabalho. É fundamental verificar se os avós estão 'seguindo a programação'. Se eles participam de fato da família, precisam entrar na dança. Mesmo se os avós não passarem muito tempo com a criança — mas ainda assim não perderem a oportunidade de lembrar os pais de que o que a criança de fato precisa é de um bom corretivo —, é essencial explicar-lhes por que suas idéias não vão funcionar com o neto explosivo.

## Drama na vida real

### Regras de comunicação

Quando Michael, o garoto de 15 anos da oitava série que você conheceu no Capítulo 4, e seus pais chegaram para a segunda sessão de terapia, o terapeuta foi logo avisado de que aquela havia sido uma semana difícil.

— Não podemos mais falar com ele, sobre nada, sem que fique maluco — disse a mãe.

— ISSO NÃO É VERDADE, MÃE! — disse Michael, com veemência. Eu não vou ficar aqui sentado ouvindo você dizer esses exageros.

— Que tal ficar em pé, então? — perguntou o pai, zombando dele.

— Se você estava tentando fazer uma piada — disse Michael, depois de ter parado por um instante para refletir sobre as palavras do pai —, então você é mais bobo do que eu imaginava.

— Mas não fui eu que tive de repetir uma série porque não passei nos exames — revidou o pai.

## Dificuldades familiares

— EU FUI FORÇADO A PRESTAR ESSE EXAME! EU NÃO QUERIA! — disse Michael, explosivo.

— Escuta, Michael, eu não estou nem um pouco interessado em disputar com você quem mija mais longe — disse o pai.

— Ah, não? Então o que acabou de fazer? — interrompeu a mãe. — E depois, não acho que Michael já esteja preparado para encarar essa reprovação.

— NÃO FALE POR MIM, MÃE! — disse Michael, combativo. — POSSO ENCARAR MUITO MAIS COISAS, TÁ?

— Perdão por interromper — disse o terapeuta —, mas por acaso nessa família essa é a direção que normalmente as conversas tomam?

— Por quê? Você acha que nós somos malucos, é? — perguntou Michael.

— Isso é o que você pensa — disse o pai.

— Vá se ferrar — retrucou Michael.

— É... que belo começo nós estamos tendo, não? — disse a mãe.

— ATÉ PARECE, MÃE! ISSO ESTÁ UMA DROGA! — disse Michael, explosivo.

— Calma, só estava sendo sarcástica — disse a mãe. — Achei que um pouco de humor poderia suavizar um pouco as coisas.

— Pois não achei a menor graça — resmungou Michael.

— Felizmente, não estamos aqui para fazê-lo rir — disse o pai.

— Perdão por interrompê-los novamente, pessoal — disse o terapeuta. — Mas ainda não sei bem se é esse tipo de conversa que vocês costumam ter.

— Ah, se estivéssemos em casa, Michael já teria se sentido insultado e saído enfurecido da sala. — Na verdade, me surpreende que ainda esteja aqui sentado.

— VOCÊ NÃO TEM IDÉIA DE COMO EU ME SINTO! — bombardeou o filho.

— Desde que era bebê, ouvimos essa mesma ladainha... — disse o pai. — Sabemos muito bem como você se sente.

— CHEGA! — explodiu Michael.

— Concordo plenamente — disse o terapeuta. — Acho que eu mesmo vou responder à pergunta que fiz. Perdoem-me por ser tão direto, mas vocês não sabem se comunicar muito bem um com o outro.

— O que quer dizer com isso? — perguntou a mãe.

— Vocês são muito sarcásticos — disse o terapeuta. — Não que isso seja um problema, creio eu. Porém, quando agem assim, acho que Michael tem dificuldade de compreender o que estão querendo dizer.

— Mas ele aqui é o inteligente e nós é que somos os estúpidos — disse o pai.

— Outra das suas piadinhas, pai? — perguntou Michael, após uma pausa para refletir sobre as últimas palavras do pai.

— Você não é o espertão? Então responda você — disse o pai.

— Hum — interrompeu o terapeuta —, acho que vocês poderiam ficar aqui o dia todo discutindo, mas não acredito que isso nos levaria a algum lugar — completou ele, depois que Michael deu um sorriso malicioso.

— Ele ainda pensa que vamos conseguir alguma coisa vindo aqui — disse Michael para as paredes.

— Devo dizer também que o sarcasmo não é o único mau hábito — continuou o terapeuta. — Nessa família, as tentativas para aparentar ser melhor do que os outros e diminuí-los são bem constantes.

— Farinha do mesmo saco — disse a mãe.

— O que isso significa? — reclamou Michael.

— Isso significa que filho de peixe... peixinho é — respondeu a mãe.

— Veja bem de que peixe você está falando — disse o pai. — Eu não tenho nada a ver com isso.

— Oh, ao contrário, você tem tudo a ver com isso — garantiu o terapeuta ao pai. — Acho que seria melhor estabelecermos algumas regras de comunicação. Contudo, de uma coisa tenham certeza, não sei se terão muita coisa a dizer um para o outro depois que eu disser que regras são essas.

— Ótimo — disse Michael. — Isso me deixa extremamente feliz.

— Quais são? — perguntou a mãe.

— Bom, seria bem mais produtivo se vocês conseguissem se livrar do sarcasmo — disse o terapeuta. — Isso de fato só complica e confunde a comunicação. E essa postura de querer ser superior e diminuir os outros tem de acabar.

— Eu não acredito que ele consiga fazer isso — disse o pai, olhando para Michael e quebrando o silêncio que até então havia se instaurado.

— Isso é um exemplo de arrogância — disse o terapeuta antes que Michael se manifestasse.

— Obrigado — disse Michael, mudando totalmente sua fisionomia sombria.

— Isso vai ser difícil — disse o pai. E nada de sarcasmo também?

— Não, se quiserem que Michael comece a conversar com vocês novamente, claro — disse o terapeuta.

— Cadê o espírito de equipe, meus caros? — interrompeu a mãe.

## Dificuldades familiares

— Isso é sarcasmo — interpôs-se o terapeuta.

— Uh... Esse cara é difícil — disse o pai, voltando-se para a mulher. — Eu não gostaria de voltar mais aqui — completou, dando um sorriso.

— Isso também é sarcasmo — disse o terapeuta.

— Meu marido não está habituado a ser corrigido — disse a mãe.

— Ah, sim... o que você acabou de dizer me faz lembrar do último mau hábito — disse o terapeuta.

— Oh, meu Deus, o que foi que eu disse? — interpelou a mãe, tapando a boca.

— Vocês todos falam um pelo outro — disse o terapeuta —, como se pudessem ler a mente alheia.

— Bem, nós nos conhecemos muito bem — disse a mãe.

— Pode ser — disse o terapeuta —, mas, pelo que observei, as especulações que vocês fazem em relação um ao outro normalmente são descabidas e não são muito bem aceitas.

— Como você chama isso? — perguntou a mãe.

— Especulação — respondeu o terapeuta. — Achar que sabemos o que se passa na cabeça de outra pessoa. Isso só faz com que vocês fiquem discutindo um com o outro.

— Sem mais especulações? — disse a mãe.

— Sim, se quiserem de fato começar a dialogar um com o outro — confirmou o terapeuta.

— Como devemos agir se algum de nós fizer uma dessas três coisas? — perguntou Michael.

— Apenas aponte isso para a pessoa, sem ser crítico — explicou o terapeuta. — Se alguém for sarcástico, diga, simplesmente, "Isso é sarcasmo". Se alguém tentar competir e demonstrar superioridade, diga "Isso é prepotência". E se alguém especular, diga...

— Isso é especulação — disse Michael.

— Meu Deus, compreendemos tudo rapidinho — disse o pai.

— Isso é sarcasmo — disse Michael.

### Alguma vez o modelo RCP não funcionou? O que fazer nesse caso?

Há bons motivos para acreditarmos que, com a sua ajuda, seu filho explosivo será capaz de reagir mais adaptativamente às frustrações. Crianças assim são *resilientes* — elas conseguem reagir quando são compreendidas e quando recebem um bom tratamento.

Isso, na maioria das vezes. Infelizmente, contudo, existem crianças que não têm acesso, recusam-se a participar ou não reagem favoravelmente a um tratamento e continuam a se comportar de maneira instável em casa, na escola e/ou na comunidade. Muitas logo no início entram numa espiral descendente, tornam-se mais e mais alienadas com o passar do tempo, passam a exibir comportamentos inapropriados ainda mais sérios e começam a compartilhar assiduamente da companhia de outras crianças que vêm seguindo uma trajetória descendente similar.

Infelizmente, a sociedade ainda não está bem preparada para ajudar essas crianças. Inúmeras escolas não contam com pessoal experiente ou com conhecimento para lidar com as dificuldades apresentadas por alunos com deficiência de aprendizagem nos domínios da flexibilidade e tolerância a frustrações. Nas escolas, vários sistemas alternativos de colocação de alunos ainda usam programas tradicionais de recompensa e punição como principal modalidade terapêutica. A polícia e os tribunais em geral não estão preparados para oferecer o tipo de intervenção de que inúmeras famílias necessitam. Normalmente, o máximo que o sistema judiciário pode fazer é ameaçar uma criança com uma conseqüência séria. Várias instituições de serviço social estão sobrecarregadas; os problemas de uma criança explosiva e de sua família talvez não cheguem nem perto dos problemas de outras crianças e famílias que são encaminhadas e acompanhadas por essas instituições. Os profissionais da área de saúde mental não são tão eficazes para trabalhar com indivíduos que não desejam receber tratamento ou cujas necessidades exijam atenção especial, e não apenas quinze minutos de sessão no consultório de um terapeuta. Além disso, os problemas com gestão de cuidados de saúde (*managed care*) são algumas vezes um obstáculo de grande proporção.

Após todas as tentativas — terapia, medicação e talvez até um sistema de colocação alternativo em uma escola —, o que várias dessas crianças no final das contas necessitam é de uma mudança de ambiente. Um novo começo. Uma maneira de começar a tentar encontrar uma nova identidade. Quando a alienação e o desvio comportamental tornam-se a identidade da criança e um meio para se sentir parte de algo,

## Dificuldades familiares

é bem mais difícil reverter a situação. O que muitas dessas crianças na verdade precisam é de um tratamento mais intenso do que o tipo de tratamento que pode ser oferecido pelos atendimentos ambulatoriais de pacientes ou sistemas educacionais regulares. Uma solução para oferecer a essas crianças um novo começo é colocá-las em uma instituição terapêutica. Embora pareça abominável, nos Estados Unidos, por exemplo, existem algumas instituições residenciais importantes que realizam um trabalho excepcional com crianças desse tipo.

As melhores instituições residenciais norte-americanas dispõem de excelentes programas acadêmicos. Portanto, a possibilidade de uma criança continuar seus estudos não é prejudicada. Embora várias dessas instituições usem o gerenciamento comportamental para manter a ordem, as melhores também utilizam um componente terapêutico por meio do qual é possível desenvolver muitas das habilidades de pensamento e comunicação descritas nos capítulos precedentes. Além disso, inúmeras empregam terapia familiar (lembre-se de que o objetivo é o de que a criança volte a viver em sua própria casa e comunidade). Devem ser evitados, porém, os programas residenciais nos quais os principais agentes de mudança são seres humanos imponentes que não desejam nada além do que atestar a seu filho quem é que manda.

A perspectiva de colocar uma criança em uma instituição residencial pode parecer um pesadelo para vários pais, embora aqueles que vivenciaram esse pesadelo constante em casa sejam mais receptivos a essa idéia. Nosso instinto é manter nossa família unida, mesmo quando ela está desmoronando. Nosso instinto é manter nossos filhos sob nossa guarda, mesmo quando nossa supervisão não é mais suficiente. Não gostamos de nos sentir como derrotados, mesmo quando todas as evidências sugerem que não é possível atender a todas as necessidades de uma criança. Não gostamos de pedir a outras pessoas para tomar conta de nosso filho, mesmo quando acreditamos que isso seja para o bem dele. Portanto, todos os nossos instintos nos dizem para insistirmos, enfrentarmos as dificuldades e tentarmos alguma outra coisa. Um novo medicamento. Um novo terapeuta. Um novo programa. Uma nova escola. Um novo livro.

Se uma criança estiver se comportando mal em uma escola norte-americana, por estar irritada ou frustrada, às vezes é possível convencer ou obrigar um sistema escolar a colocar e bancar essa criança em um sistema escolar externo. De acordo com a lei norte-americana que regulamenta a educação de indivíduos portadores de deficiência (*Individuals with Disabilities Education Act* — Idea) — uma lei federal por sinal muito boa que se aplica a escolas públicas —, os sistemas escolares são obrigados a colocar os alunos em ambientes apropriados às suas necessidades e o mínimo possível restritivos; as colocações residenciais são consideradas as mais restritivas. Por isso, em geral esse ambiente é reservado como último recurso. Os sistemas escolares variam de modo considerável em relação aos recursos que eles oferecem às crianças cujas necessidades estão além do que se costuma oferecer ultimamente. Quando se torna óbvio, após ajustes e adaptações, que um programa educacional não especializado não é suficiente para atender às necessidades de uma determinada criança, a primeira medida de vários sistemas escolares é colocar um assistente na sala de aula. A medida seguinte normalmente é destinar uma sala de aula especial às crianças com problemas comportamentais. A colocação em escolas fora do sistema escolar com freqüência é a medida subseqüente. Se essas alternativas não forem suficientes para obter o resultado desejado, passa-se a considerar mais seriamente a possibilidade de um programa residencial. Em alguns casos, se ficar evidente que essas colocações intermediárias são insuficientes para atender às necessidades da criança, a possibilidade de um programa residencial é avaliada mais no início do processo.

Se você vier a optar por colocar seu filho em uma instituição residencial, procure visitar primeiro alguns dos lugares nos quais tem em mente mantê-lo. Observe se você se sente à vontade com a equipe, a filosofia do programa e as outras crianças que já estão na instituição. Verifique se os funcionários têm experiência adequada para trabalhar com crianças com um perfil semelhante ao de seu filho. Examine se eles são receptivos às suas idéias a respeito de seu filho.

Essas colocações não são para o resto da vida. Com sorte, apenas por um ou dois anos. Isso lhe dá algum tempo para pôr a casa em ordem, sabendo que seu filho está em um ambiente seguro e controlado, no qual pode aprender a pensar de maneira mais flexível e a lidar mais adaptativamente com as frustrações, no qual pode tomar seus medicamentos sem interrupção e no qual pode receber ajuda para voltar para casa. Isso não é o fim do mundo. Ao contrário, pode ser um novo começo.

ますCapítuloCapítulo 10

# Vivendo melhor com a ajuda de medicamentos

Como observamos no Capítulo 7, algumas crianças não se beneficiarão de modo substancial da abordagem descrita neste livro, a menos que satisfatoriamente medicadas. Ninguém deseja que uma criança seja medicada sem a devida necessidade, claro. Por isso, é recomendável empregar uma abordagem conservadora com relação aos medicamentos. Entretanto, algumas características são mais bem tratadas por meio de medicamentos, a saber: hiperatividade e falta de controle dos impulsos, desatenção e distratibilidade, irritabilidade e obsessividade e pavio excessivamente curto. A medicação não ensina habilidades de pensamento a uma criança. Contudo, quando ela é eficaz, pode abrir as portas para que essas habilidades possam ser ensinadas. O objetivo deste capítulo é apresentar uma breve visão (e não uma orientação abrangente) sobre as opções médicas.

Não há dúvida de que será difícil decidir se uma criança deverá ou não ser medicada. Você precisará de muitas informações, bem mais do que oferecemos neste capítulo. No final das contas, você precisará, acima de tudo, de um excelente psiquiatra infantil. Um psiquiatra que:

- dedique tempo suficiente para conhecer você e seu filho, ouça o que você tem a dizer e esteja familiarizado com outras opções de tratamento que não as que ele está acostumado a prescrever em seu bloquinho de receitas;
- tenha consciência de que o diagnóstico oferece poucas informações úteis a respeito de seu filho;

- compreenda que há várias características que os medicamentos de forma alguma tratam com adequação;
- tenha um ótimo conhecimento prático dos prováveis efeitos colaterais dos medicamentos em questão e de como administrá-los;
- tenha o cuidado de assegurar que você — e seu filho, se apropriado — obtenha informações de cada um dos medicamentos, de seus prováveis benefícios e efeitos colaterais e de suas interações com outros medicamentos;
- esteja disposto a dedicar tempo suficiente para acompanhar o progresso de seu filho cuidadosa e continuamente; e
- avalie constantemente em que momento é recomendável descontinuar o medicamento de seu filho.

Quando uma criança reage mal a um medicamento, isso em geral ocorre porque um dos elementos precedentes foi negligenciado em seu tratamento.

Todas as medicações — incluindo a aspirina — têm efeitos colaterais. Seu médico deve ajudá-lo a ponderar sobre os prováveis benefícios de um medicamento, em comparação com os riscos que ele oferece, para que você tome uma decisão fundamentada. Embora seja crucial acreditar na experiência e no conhecimento de seu médico, é igualmente indispensável que você se sinta seguro com o plano de tratamento que ele propuser ou pelo menos que se sinta seguro com relação ao equilíbrio entre benefícios e riscos de um determinado medicamento. Caso não se sinta seguro ou desconfie das informações que recebeu, isso significa que precisa de mais informações. Se seu médico não tiver tempo nem conhecimento para isso, você precisa procurar outro médico. O tratamento médico não deve ser temido, mas é essencial ser implementado e monitorado competente e compassivamente.

Nem todos os medicamentos descritos aqui foram oficialmente aprovados para uso em crianças, e vários ainda não foram estudados extensamente para serem usados em crianças e adolescentes, em particular com relação a seus efeitos colaterais a longo prazo.

## DESATENÇÃO E DISTRATIBILIDADE

Se a desatenção e a distratibilidade interferirem sobremaneira no progresso acadêmico de seu filho ou em sua capacidade para participar dos diálogos do Plano B, os medicamentos oferecem alguma esperança. Os principais suportes de um tratamento médico para desatenção e ineficiência cognitiva são os medicamentos estimulantes, alguns dos quais já com mais de 60 anos de aplicação. Essa categoria de medicamento abrange agentes bem conhecidos e bem estudados, como o metilfenidato (Ritalin) e sulfato de dextroanfetamina (Dexedrina). Os estimulantes são preparados em doses de curta e de longa ação. Na maioria dos casos, os efeitos colaterais associados aos estimulantes tendem a ser moderados, mas são dignos de menção. Dois dos mais comuns são: insônia (especialmente se for administrada uma dose única entre as 15 h e 18 h) e perda de apetite, o que pode, a longo prazo, provocar perda de peso. Em algumas crianças, os estimulantes podem mascarar ou exacerbar tiques vocais ou motores já existentes (nessa circunstância, talvez seja necessário administrar um segundo medicamento a fim de diminuir os tiques ou então descontinuar o estimulante). Os estimulantes tendem a aumentar a ansiedade e a irritabilidade em algumas crianças, uma situação indesejável para qualquer criança, mas talvez particularmente para uma explosiva. O comportamento de algumas crianças pode deteriorar quando o estimulante perde o efeito (um fenômeno denominado *rebote* ou *ação invertida*). Esse efeito colateral é às vezes tratado administrando-se metade da dose no final da tarde para facilitar a descontinuação do medicamento na criança. Por fim, em particular no caso dos adolescentes, os pais precisam estar atentos com relação à possibilidade de o filho abusar dos estimulantes.

## HIPERATIVIDADE E FALTA DE CONTROLE DOS IMPULSOS

Se a hiperatividade e a falta de controle dos impulsos estiverem interferindo significativamente no comportamento de seu filho — em casa ou na escola —, em seu progresso acadêmico ou em sua capacidade de participar dos diálogos do Plano B, é provável que os medicamentos ajudem. Várias classes de medicamentos podem ser úteis, mas em geral os estimulantes, como dissemos, são os primeiros a ser escolhidos. Contudo, em algumas crianças, os efeitos colaterais, a falta de reação positiva aos estimulantes ou complicações no quadro de saúde podem exigir uma avaliação sobre a possibilidade de administrar medicamentos alternativos para aumentar o controle de impulsos e reduzir a hiperatividade, como um medicamento não estimulante relativamente novo denominado atomoxetina (Strattera). Dentre os efeitos colaterais desse remédio, incluem-se: estômago embrulhado, diminuição do apetite, náusea ou vômito, vertigem, fadiga e oscilações de humor.

Um antidepressivo atípico, denominado bupropiona (Wellbutrin), também tem sido utilizado para melhorar a hiperatividade/impulsividade em crianças. A bupropiona pode aumentar o risco de ataques apoplécticos; exacerbar os tiques; causar insônia, náusea, dor de cabeça, constipação, tremor e boca seca; e a princípio aumentar a agitação. Os anti-hipertensivos de ação central, incluindo a clonidina (Catapres) e guanfacina (Tenex), algumas vezes são também usados para diminuir a hiperatividade e a impulsividade, mas tendem a ser menos eficazes para a desatenção. Os anti-hipertensivos podem ainda ser eficazes para reduzir os tiques. Além disso, por seu efeito sedativo, os anti-hipertensivos têm sido usados para ajudar as crianças a dormir durante a noite. Contudo, no caso de algumas crianças, essa sedação pode ser um problema durante o dia e às vezes intensificar sua irritação. Em crianças explosivas cujas dificuldades estão relacionadas à via da regulação emocional, não é desejável acentuar sua irritabilidade. Os efeitos colaterais são dor de cabeça, vertigem, náusea, constipação e boca seca.

Os antidepressivos tricíclicos, os quais incluem agentes como nortriptilina (Pamelor), desipramina (Norpramin), imipramina (Tofranil) e clomipramina (Anafranil), podem também ser prescritos para diminuir a hiperatividade e impulsividade em crianças. Uma vantagem dos medicamentos tricíclicos é que eles oferecem uma cobertura de 24 horas e normalmente não interferem no sono. Um dos efeitos colaterais mais sérios, porém raros, dos tricíclicos é a toxidade cardíaca, o que em geral exige que as crianças medicadas com esses agentes façam eletrocardiogramas tanto no início quanto periodicamente no decorrer do tratamento. Existem vários outros efeitos colaterais possíveis que talvez não sejam bem tolerados pelas crianças, como boca seca, ganho de peso, sedação, tontura e constipação.

## IRRITABILIDADE E OBSESSIVIDADE

Se a irritabilidade ou obsessividade interferir substancialmente nas atividades de seu filho em casa ou na escola ou em sua capacidade de participar dos diálogos do Plano B, a administração de medicamentos pode ajudar. A irritabilidade e a obsessividade em crianças com freqüência têm sido tratadas com um conjunto de medicamentos denominado inibidores seletivos de recaptação de serotonina (antidepressivos ISRS), que inclui agentes como fluoxetina (Prozac), sertralina (Zoloft), paroxetina (Paxil), citalopram (Celexa) e fluvoxamina (Luvox). Entretanto, no momento em que este livro foi redigido, o uso desses medicamentos estava sendo questionado com base nas constatações de que esses agentes podem aumentar a freqüência de pensamentos suicidas em determinadas crianças (um fato que alguns dos fabricantes desses agentes aparentemente não estavam muito dispostos a divulgar). Outros efeitos colaterais incluem náusea, perda de peso ou ganho de peso, ansiedade, nervosismo, insônia e sudorese.

## PAVIO EXCESSIVAMENTE CURTO

Se — a despeito das pesadas doses de Plano C — o pavio de seu filho continua muito curto, a ponto de ele ser incapaz de participar dos diálogos do Plano B, uma classe de remédios, denominada antipsicóticos atípicos — que inclui medicamentos como risperidona (Risperdal), olanzapina (Zyprexa), quetiapina (Seroquel) e aripiprazol (Abilify) —, pode ser administrada. Esses medicamentos provocaram maior entusiasmo porque tendem a ser mais bem tolerados do que os antipsicóticos mais tradicionais. No entanto, esses agentes têm sido associados com sedação e ganho de peso e podem ser associados com sintomas extrapiramidais, como movimentos estranhos da boca ou da língua, revirar dos olhos, rigidez de braços ou pernas, falta de emoção e movimentos involuntários. Esses sintomas normalmente diminuem assim que o medicamento é descontinuado; entretanto, em raras circunstâncias, podem persistir mesmo depois que o medicamento é retirado do tratamento da criança (uma síndrome denominada discinesia tardia).

Outra classe de agentes — geralmente chamada de estabilizadores do humor — também pode ser administrada, incluindo carbonato de lítio, carbamazepina (Tegretol) e ácido valpróico (Depakote). Os estabilizadores do humor podem ser menos eficazes em crianças predominantemente disfóricas. Na verdade, por sua possibilidade de causarem sonolência ou fadiga, esses agentes de fato tendem a aumentar a irritabilidade em algumas crianças. Todos esses agentes oferecem uma cobertura de 24 horas e normalmente não interferem no sono da maioria das crianças. O lítio pode causar sedação, náusea, diarréia, sede, aumento da diurese, tremor moderado e ganho de peso e deve ser monitorado de perto. O ácido valpróico e a carbamazepina podem causar sedação, náusea, diarréia, azia, tremor e ganho de peso. O ácido valpróico também pode provocar toxidade no fígado. E a carbamazepina pode estar associada a uma diminuição de glóbulos brancos e à anemia aplástica. Portanto, o uso desses agentes exige exames de sangue periódicos.

Agentes menos tradicionais, como óleo de linho ou de linhaça e óleo de peixe, têm também demonstrado efeitos promissores na estabilização do humor. Na realidade, algumas crianças podem se beneficiar de agentes não tradicionais, naturais ou homeopáticos. Embora seja salutar ser receptivo ao uso desses agentes, é fundamental ter em mente que eles também provocam um efeito químico no organismo da criança (tendemos a considerar os agentes 'naturais' até certo ponto mais benignos). Eles também podem provocar efeitos colaterais indesejáveis, normalmente não são estudados com cuidado (é claro que a mesma coisa pode ser dita de vários medicamentos psiquiátricos tradicionais que no presente têm sido prescritos para crianças) e devem ser administrados com a supervisão de um profissional qualificado.

Ainda que correndo o risco de ser redundante, é necessário esclarecer que o componente mais crucial no âmbito da psicofarmacologia é um médico competente, proficiente do ponto de vista clínico, atencioso e acessível. Contudo, o médico só poderá oferecer um tratamento promissor se você e os professores de seu filho lhe oferecerem informações precisas sobre os efeitos dos medicamentos prescritos. Quando todos os adultos pertinentes trabalham em consonância com o médico, os efeitos colaterais são tratados de maneira mais eficaz e os ajustes são realizados de um modo responsivo. É também aconselhável empregar uma abordagem de medicação discreta e prudente. As crianças normalmente não gostam que seus colegas de classe saibam que elas estão recebendo medicamento por motivos emocionais ou comportamentais. Da mesma maneira, os pais tendem a ocultar da equipe escolar que o filho toma remédios. Fiéis ao espírito colaborativo necessário à intervenção eficaz em crianças explosivas, e pelo fato de as observações e de o *feedback* dos professores serem em geral fundamentais para que se efetuem ajustes apropriados nos medicamentos, eu normalmente estimulo os pais a manter a equipe escolar pertinente a par dos medicamentos administrados. Se não houver como ocultar isso dos colegas de classe, em geral o ideal é instruí-los sobre diferenças individuais (asma, alergias, diabetes, dificuldade de concentração, baixa tolerância a frustrações e assim por diante) que exigem tratamento médico.

Se você optar por medicar o seu filho, por quanto tempo você deve administrar a medicação prescrita? É difícil prever. Em geral, os benefícios químicos desses agentes duram apenas enquanto os medicamentos estiverem sendo administrados. No entanto, no caso de algumas crianças, as melhorias comportamentais viabilizadas pela medicação persistem mesmo depois da descontinuação dos medicamentos, em particular se a criança tiver adquirido novas habilidades compensatórias. Na realidade, a questão sobre se a criança deve continuar a ser medicada deve ser continuamente revisitada.

# Capítulo 11
# A sala de aula e o Plano B

Comparativamente à dificuldade encontrada para auxiliar uma criança explosiva no contexto familiar, na sala de aula — ambiente no qual a criança compartilha a atenção com 25 a 30 outras crianças, muitas das quais com diferentes tipos de necessidade especial —, isso pode ser ainda mais difícil. Assim como os pais, a maioria dos professores com nível de conhecimento pedagógico geral nunca se viu na incumbência de ajudar uma criança explosiva e nunca recebeu treinamento especializado algum para se preparar para essa tarefa.

Felizmente, na escola, as crianças explosivas em geral não dão nenhum sinal de que são suscetíveis a acessos de raiva. Apresentaremos aqui algumas explicações possíveis para esse fenômeno, incluindo alguns fatores já mencionados anteriormente:

- *O fator do constrangimento*. As crianças ficariam constrangidas se explodissem diante dos colegas. Visto que esse fator não se reproduz no ambiente familiar, a criança não se sente constrangida em ter acessos de raiva em casa.
- *O fator da extrema contenção*. A criança gasta tanta energia contendo-se quando está na escola, que tão logo chega em casa já se revela — estimulada ainda mais pela fadiga e pela fome que normalmente as acometem no final da tarde.
- *O fator da mentalidade gregária*. Pelo fato de a escola em geral ser relativamente estruturada e previsível, tende a ser de fato um am-

biente mais convidativo do que o ambiente doméstico, uma vez que, em casa, o tempo vago nem sempre é formalmente organizado. Por exemplo, se uma criança ficar confusa, não sabendo muito bem onde deveria estar ou o que deveria fazer, basta observar os colegas de classe para que tenha uma idéia. A mentalidade gregária também é um fator que não se aplica no ambiente doméstico.

- *O fator químico.* Os professores e colegas com freqüência são os principais beneficiários da farmacoterapia, mas o efeito dos medicamentos, no final da manhã ou da tarde, já terão passado.

Há, provavelmente, outras possibilidades. Porém, o fato de uma criança não estar tendo acessos de raiva na escola não significa que esse ambiente não esteja contribuindo para os acessos que ela tem em outro lugar. Vários acontecimentos na escola podem, sim, alimentar os acessos da criança em outros locais, como: ser provocada por outras crianças, sentir-se isolada ou rejeitada socialmente, sentir-se frustrada e constrangida por algum esforço em determinadas tarefas escolares ou ser mal compreendida pelo professor. E, bem depois que a campainha anuncia o fim das aulas, longe dali, as lições de casa podem trazer de volta as frustrações escolares. Portanto, as escolas não estão isentas dessa responsabilidade e também precisam ajudar, ainda que não vejam a criança em seu pior momento.

É óbvio que inúmeras crianças têm acessos na escola. Com certeza você deve se lembrar de que Paul, uma das crianças abordadas no Capítulo 4, tinha o hábito de sair correndo da sala de aula ou mesmo da escola quando se sentia frustrado em relação a alguma tarefa escolar desafiadora ou diante de uma relação difícil com um colega de classe. Quando não saía correndo, explodia ali mesmo na sala: enrubescia as faces, chorava, gritava, amassava papéis, quebrava lápis, lançava-se ao chão e recusava-se a continuar realizando as atividades. Danny, outra criança abordada no Capítulo 4, também tinha acessos de raiva ocasionais na escola. Em uma dessas ocasiões, especialmente notável, seu professor lhe pediu que distribuísse livros aos colegas de classe após o recreio. Assim, acabado o recreio, ele voltou depressa à sala para distribuí-los, mas um assistente já estava na sala e insistiu em distribuir ele próprio os livros. Danny tentou lhe explicar que essa tarefa já lhe havia sido atribuída pelo professor, mas não conseguiu dissuadi-lo. A mudança de padrão cognitivo necessária nesse exemplo de inflexibilidade recíproca era maior do que Danny podia lidar. *BUM!*.

As escolas e os professores não têm outra opção senão refletir seriamente sobre como devem lidar com crianças como Paul e Danny existentes em seu meio. Vivemos hoje na era da inclusão (isso é excelente), o que estimulou a admissão de alunos com necessidades comportamentais e escolares especiais nas salas de aula convencionais, oferecendo-lhes, desse modo, oportunidade para interagir com crianças 'normais' (e vice-versa) e diminuir o estigma de terem de tentar solucionar essas necessidades especiais fora da sala de aula. Portanto, uma sala de aula convencional hoje provavelmente comporta alunos com necessidades especiais, alguns com transtornos dos quais seus professores nunca ouviram falar e com os quais muito menos já trabalharam algum dia. Por esse motivo, os professores devem ter competência não apenas em relação ao currículo, mas também para lidar com eficácia com os diferentes problemas emocionais e comportamentais apresentados por seus alunos. Infelizmente, em várias circunstâncias, os professores acham — justificadamente — que não foram treinados nem estão recebendo o tipo de apoio necessário para trabalhar de maneira eficaz com alunos com problemas emocionais e comportamentais complexos.

Para piorar as coisas, nos Estados Unidos, por exemplo, eles também vivem em uma era em que as avaliações são de alto risco, isto é, elas têm conseqüências significativas para os envolvidos, o que leva os professores a tentar garantir que todos os alunos se encaixem nos padrões definidos pelas avaliações obrigatórias do governo. Se houvesse interesse em elevar os padrões, essa já não seria uma boa idéia, mas seguramente não seria de forma alguma uma boa idéia se quiséssemos que os professores atendessem às necessidades comportamentais, sociais e de aprendizagem de cada aluno.

E, para piorar ainda mais as coisas, o programa disciplinar da maioria das escolas é praticamente um roteiro para o Plano A; e engloba uma lista (em geral bem grande) de coisas que os alunos podem e não podem fazer e uma lista (também em geral bem grande) sobre o que acontecerá se eles fizerem ou não fizerem tal e tal coisa. Porém, existe um fato sobre o qual você deve refletir por um momento: as práticas disciplinares de uma escola padrão não funcionam para os alunos aos quais elas são mais freqüentemente aplicadas e não são necessárias aos alunos aos quais elas nunca são aplicadas. Em outras palavras, não é o programa de disciplina escolar que induz os alunos bem comportados a se comportarem adequadamente; eles se comportam bem porque *sentem inclinação para isso*. Temos pouco a dizer de todas as sanções — retenções, suspensões, expulsões e assim por diante — que são impostas diariamente aos alunos explosivos que convivem entre nós. Além disso, a explicação racional normalmente alegada para continuar usando as sanções é mais ou menos a seguinte:

**Diretor escolar:** — Temos de estabelecer um exemplo para todos os nossos alunos; mesmo que a suspensão não ajude Rick, pelo menos serve de exemplo para os outros. Eles precisam saber que nesta escola levamos a segurança muito a sério.

**Pergunta:** — Que mensagem você passa para os outros alunos em sua escola, se continua a aplicar intervenções que não estão ajudando Rick a se comportar mais adaptativamente?

**Resposta:** — A de que na verdade não sabemos ao certo como ajudar Rick a se comportar mais adaptativamente.

**Pergunta:** — Qual a probabilidade de os alunos não explosivos tornarem-se explosivos se você não usar Rick como exemplo?

**Resposta:** — De modo geral, é mínima ou praticamente nula.

**Pergunta:** — Que mensagem passaremos a Rick se continuarmos a aplicar estratégias que não estão funcionando?

**Resposta:** — A de que nós não o compreendemos e não podemos ajudá-lo.

**Pergunta:** Sob que circunstâncias poderemos oferecer a melhor oportunidade de ajudarmos Rick a aprender e a praticar formas mais adequadas de lidar com sua inflexibilidade e baixa tolerância a frustrações: na escola ou suspendendo-o da escola?

**Resposta:** — Na escola.

**Pergunta:** — Por que tantas escolas continuam a usar intervenções que não são eficazes para os alunos explosivos?

**Resposta:** — Porque, além disso, elas não sabem ao certo o que devem fazer.

**Pergunta:** — O que ocorre com os alunos aos quais se aplicam de modo contraproducente essas intervenções durante anos e anos?

**Resposta:** — Eles ficam ainda mais alienados e acabam sendo colocados à margem da rede social da escola.

**Pergunta:** — Isso não é responsabilidade dos pais?

**Resposta:** — Ajudar uma criança a lidar de maneira mais adaptativa com as frustrações é uma responsabilidade que se aplica a todas as pessoas. Além disso, os pais não estão presentes quando a criança tem acessos de raiva na escola.

**Pergunta:** — Isso não é uma função da educação especial?

**Resposta:** — Não, a educação especial na realidade tem muito pouco a oferecer a inúmeros alunos explosivos.

Esse é o momento oportuno para o Plano B. Contudo, vamos verificar primeiro se temos todas as provisões para começarmos a encarar essa empreitada. Vamos precisar de algumas coisas:

- *De uma filosofia.* As escolas, em sua maioria, não têm uma filosofia a respeito do mundo infantil. Em vez disso, têm um currículo e um código de disciplina escolar, nenhum dos quais tem serventia alguma quando estamos tentando descobrir por que um aluno está explodindo e como podemos lhe ensinar as habilidades essenciais para que pare de ter acessos. É essa filosofia específica que dirige e governa nossas reações quando um aluno não está se saindo bem. Qual é sua nova filosofia? É recomendável levar em conta que *as crianças progridem quando elas têm capacidade para isso.* Desse modo, você não perderá muito tempo tentando 'lhe ensinar uma lição' ou tentando encontrar formas de incentivar o aluno a se sair bem. Os bons professores sabem que, embora pudesse ser mais produtivo se todos os alunos na sala de aula tivessem exatamente os mesmos estilos e capacidades de aprendizagem, as coisas nunca funcionam dessa maneira. Portanto, é sempre essencial adaptar as lições e atribuições a cada aprendiz. A deficiência de aprendizagem nos âmbitos da inflexibilidade e falta de tolerância a frustrações, tanto quanto os outros tipos de deficiência de aprendizagem, é um ótimo motivo para aplicar o Plano B.

- *De tempo.* Os professores sempre reclamam que não têm tempo para aplicar o Plano B. Porém, fazer a coisa certa e solucionar o problema sempre leva menos tempo do que fazer a coisa errada e não solucionar o problema. Mas não há nenhuma dúvida de que a programação escolar não reserva tempo algum para que a equipe escolar discuta as vias de um aluno, desenvolva planos de ação para ensinar as habilidades de pensamento que faltam a uma criança e para usar o Plano B. Nem para que se reúnam periodicamente para avaliar o progresso do aluno e reorganizar esse plano de ação. Entretanto, o que se realiza nos horários de reunião que de fato existem é, em geral — não me entenda mal, por favor —, *perda de tempo.* Muitas horas são gastas nos relatos de caso (sobre o comportamento do aluno), e não se busca associar esses relatos com as vias possíveis. Tempo considerável é gasto lutando-se desesperada e obsessivamente pela categorização ("Será que ele precisa de um Plano 504 ou de um programa de educação individualizado?"[1]), em vez de desenvolver planos de ação eficazes.

- *De expertise (competência técnica).* Muitos educadores aplicam aos alunos explosivos os mesmos princípios disciplinares que funcionaram com seus próprios filhos, obtendo, geralmente, resultados insatisfatórios. Outros educadores acreditam que a especialidade necessária para compreender e ajudar uma criança explosiva está bem acima de seu alcance. Isso não é verdade. É fundamental ter competência em três domínios: *em cinco vias, em três planos e nos três passos para aplicar* o *Plano B.* Portanto, não desanime: se você leu os dez capítulos precedentes, está indo no caminho certo no que se refere ao quesito da competência técnica. Agora, só precisa de experiência. E já que isso é necessário, o melhor momento é agora.

- *De um roteiro para o Plano B.* Você terá de substituir o código de disciplina escolar por algo que de fato funcione: um

---

[1] N. da T.: O plano 504 destina-se a assistir crianças com necessidades especiais a participar ativamente das atividades escolares, quando se identifica que não é necessário usar um programa de educação individualizado (em inglês: *individualized education program* — IEP).

roteiro para implementar o Plano B. Deve ser um roteiro bem fácil de acompanhar. O primeiro objetivo é chegar a um consenso a respeito das vias e dos desencadeadores (consulte o Capítulo 3) de um determinado aluno. Isso normalmente exige uma ou duas reuniões entre todos os adultos que interagem com a criança na escola. Faz sentido também convidar pais e profissionais da área de saúde para participar dessas reuniões. Intervir antes de saber quais vias e desencadeadores estão em jogo é equivalente a atirar a esmo com a esperança de acertar uma boa presa. O segundo objetivo é priorizar os problemas que devem ser solucionados proativamente (desencadeadores) e as habilidades que devem ser ensinadas proativamente (vias), e, em seguida, determinar as funções específicas que cada adulto desempenhará para ajudar na resolução de problemas e no ensino por meio do Plano B. Mesmo que o plano de ação inicial flua a contento, é recomendável que o grupo reúna-se novamente de tempos em tempos para supervisionar o andamento do processo, rediscutir os desencadeadores e as vias, ajustar os objetivos e reexaminar o plano de ação em conformidade com isso.

Ao criar o plano de ação, é indispensável manter em mente alguns dos princípios discutidos nos capítulos precedentes. Em primeiro lugar, *não existem soluções fáceis e temporárias*. Vale a pena repetir: não é possível solucionar em uma semana uma deficiência de leitura e não é possível solucionar essa deficiência de aprendizagem também em uma semana. Em segundo lugar, *tentar manter uma boa comunicação entre os adultos é absolutamente essencial*. Todos os adultos que interagem com a criança devem saber com exatidão quais são as dificuldades dessa criança em particular, quais habilidades serão implementadas com o Plano B e conhecer o plano de ação. Em terceiro lugar, *responsabilizar os outros não ajuda*. Quando as coisas não estão indo bem na escola, os pais tendem a responsabilizar a equipe escolar; a equipe escolar, por sua vez, tem a tendência de responsabilizar os pais. Essa tendência de responsabilizar um ao outro ignora uma questão importante: a criança está frustrando todos nós, e ninguém até agora realizou um trabalho fora do comum para ajudá-la; portanto, vejamos se é possível pensar em conjunto e idealizar um plano que incorpore o melhor que cada um tem a oferecer.

Apliquemos os princípios do Plano B que acabamos de descrever a um desencadeador bastante comum — os deveres de casa —, que pode muito bem ser a causa mais freqüente dos acessos de raiva. Para inúmeras crianças explosivas, os deveres de casa são extremamente frustrantes. Talvez porque não lhes sobre energia mental após um longo dia na escola, talvez porque o efeito do medicamento já tenha passado, talvez porque haja problemas de aprendizagem que tornam a realização do dever uma tarefa angustiante ou talvez porque o dever de casa — em especial as tarefas realizadas mais a longo prazo — exija muita organização e planejamento. Desse modo, não é à toa que normalmente os acessos de raiva mais sérios ocorrem enquanto elas estão fazendo o dever de casa. Será que essas dificuldades tornam algumas crianças incapazes de realizar as mesmas tarefas de casa atribuídas a seus colegas de classe? Às vezes. Será que o fato de uma criança habitualmente explodir por causa do dever de casa pode ajudá-la a se sentir mais bem-sucedida e possibilitar que realize os deveres no futuro? Não. Se empregar o Plano A, o professor não fará mais do que insistir para que a criança conclua seu dever, independentemente do preço que a criança e os pais têm de pagar para fazer prevalecer a vontade do professor em casa. Se empregar o Plano C, o professor renunciará completamente à expectativa de que a criança conclua o dever.

E se empregar o Plano B? Em primeiro lugar, teríamos de trabalhar com a suposição de que, se o aluno pudesse fazer todos os deveres que lhe fossem solicitados, ele o faria. Em segundo lugar, teríamos de começar a compreender com exatidão os fatores (incluindo as vias) que estão aumentando as dificuldades da criança em relação ao dever de casa. Em terceiro, teríamos de aplicar o conhecimento técnico que obtivemos nos capítulos anteriores e estimular a criança e seus pais a ter um diálogo no Plano B. Apresentamos a seguir como isso se daria com uma mãe:

**Professor (empatia, Plano B Proativo):** — Senhora, tenho observado que ultimamente fazer o dever de casa tem sido muito difícil para o seu filho.

**Mãe:** — Ah, sim... e há muito tempo. O senhor é o primeiro professor do Jimmy que expressa algum interesse por ajudar a resolver esse problema. Todas as noites, de segunda a sexta, passamos horas brigando por causa disso.

## A sala de aula e o Plano B

**Professor:** — Eu sinto muito. Mas vamos ver se conseguimos idealizar um plano para que esse tormento acabe de uma vez por todas.

**Mãe:** — O senhor não pode imaginar como isso ajudaria.

**Professor:** — Mas tem uma coisa. Eu sei que Jimmy tem dificuldade de escrever. É bem provável que isso seja parte do problema do dever de casa, não acha?

**Mãe:** — A redação é de fato um problema... E há algumas tarefas sobre as quais ele simplesmente parece não entender nada.

**Professor:** — A senhora poderia me dar um exemplo de tarefa que esteja sendo difícil para ele compreender?

**Mãe:** — Ciências, sem dúvida. Às vezes estudos sociais também. Agora, os exercícios de matemática, ele faz tudo em mais ou menos dez minutos.

**Professor (empatia esclarecedora):** — Sim, já havíamos notado que a matemática parece ser sua fixação. Porém, ele tem apresentado dificuldades em redação e em ciências e estudos sociais. O curioso é que essas disciplinas são as que mais exigem redação. Na sua opinião, o problema dele está em redigir ou em compreender o conteúdo?

**Mãe:** — Acho que em ambas as coisas.

**Professor:** — Bem, vamos tentar resolver um problema de cada vez. Começaremos pelo mais fácil. Eu li o programa de educação individualizado de Jimmy. Além disso, embora esteja dando aulas para ele já há seis semanas, ainda não sei ao certo em que parte de ciências e de estudos sociais ele encontra dificuldade. Portanto, acho que a senhora pode me ajudar a descobrir. Acho que, a partir de agora, se ele encontrar dificuldade em alguma tarefa de ciências ou estudos sociais, peça para que ele pare de fazer a tarefa e me envie um bilhete informando que parte está sendo difícil. Assim, posso ter uma idéia do que está emperrando. Daí, veremos qual o próximo passo. Está bom assim para a senhora?

**Mãe:** — Está, sim... com uma exceção. Às vezes, ele mesmo insiste em ir até o fim! Ele não quer ser diferente e tem medo de que o senhor fique bravo.

**Professor:** — Vou conversar com ele sobre isso. Assim, ele saberá que também estou envolvido. Quanto à redação, não quero perder as esperanças. Eu sei que é difícil para o Jimmy, e estamos tendo até aulas de digitação na escola para agilizar o processo da escrita, mas ele tem que saber que é importante escrever à mão e organizar as idéias de modo coerente.

**Mãe:** — Concordo.

**Professor:** — Está bem, então. Vamos pensar juntos sobre o que podemos fazer em relação a isso. Será que não deveríamos chamar Jimmy para participar desta conversa para que assim a solução seja boa para todos? O que a senhora acha?

**Mãe:** — Parece perfeito para mim.

Qual é a solução para o problema de redação? Há inúmeras possibilidades. O mais importante a ser lembrado é que as soluções duráveis são realistas, factíveis e mutuamente satisfatórias. E que às vezes o problema não é solucionado na primeira tentativa.

O Plano B de Emergência é uma opção também, mas você não deve se valer dela com muita freqüência:

**Rick (13 anos):** — Eu não vou fazer esta tarefa agora.

**Professor:** — Bem, então lhe darei uma nota que refletirá tanto a sua atitude quando a sua falta de esforço.

**Rick:** — Eu não estou nem aí com as minhas notas, cara. Eu não consigo fazer esta merda.

**Professor:** — Por causa de sua boca, você ficará retido após a saída dos demais alunos. E não quero ninguém na minha sala que não queira fazer as tarefas que peço. Você gostaria de dizer mais alguma coisa?

**Rick:** — Sim... Esta aula é uma chatice.

**Professor:** — Tampouco eu preciso ouvir isso. Vá agora para a sala da diretora-assistente... Saia!

Ops, isso foi o *Plano A*, não foi? Ah, este autor sabe enganar. Vejamos como isso se daria usando de fato o Plano B de Emergência:

**Rick:** — Eu não vou fazer esta tarefa agora.

**Professor:** — Por acaso você está encontrando alguma dificuldade? Vamos ver se conseguimos descobrir.

**Rick:** — Esquece... Eu não consigo fazer isso! Me deixa em paz! Droga!

**Professor:** — Rick, escuta, eu sei que você tem dificuldade com redação e ortografia e fica extremamente frustrado com tarefas desse tipo. Vamos ver se conseguimos encontrar uma forma de você fazer a principal parte da tarefa — me dizer o que você acha da história que acabou de ouvir, o que sabe fazer muito bem —, sem que fique tão preocupado com a redação e a ortografia.

**Rick:** — Como?

**Professor:** — Bem, talvez Bob possa ajudá-lo. Faça algumas anotações do que achou da história para ele desenvolver... .

**Rick:** — Não... não vale a pena. De jeito nenhum.

**Professor:** — Ah, sim... Às vezes eu me esqueço de que você fica constrangido com a sua ortografia. Acho que seria uma boa idéia se você e Bob fizessem essa tarefa em conjunto, e Bob fica com a parte da redação. O que acha?

**Rick:** — Você não vai contar para ele que eu não consigo escrever direito, vai?

**Professor:** — Não, desde que você não queira que eu faça isso.

**Rick:** — Bob, vamos fazer essa tarefa juntos?

Bem melhor. Você não se importa se eu lhe der algum *feedback*, se importa? Os problemas de redação e ortografia de Rick são *previsíveis*. Vamos solucionar esses problemas aplicando o Plano B Proativo... o mais rápido possível!

É claro que realizar o Plano B com um único aluno é muito mais fácil quando estamos usando o Plano B com a classe inteira. Em outras palavras, não há nenhum aspecto adverso ou negativo em empregar o Plano B com todos os outros alunos.

E será muito mais fácil se você dedicar um pouco de seu tempo para *criar uma comunidade de aprendizes*. Como isso pode ser feito? Em primeiro lugar, enfatizando um currículo social tanto quanto o currículo acadêmico. Outro currículo?! Não pare de ler ainda. Na opinião dos professores extremamente devotados a um currículo social, a comunidade de aprendizes que eles estão criando de fato facilita o currículo acadêmico que precisam ensinar. Desse modo, estamos falando de discussões em grupo planejadas e não planejadas para ouvir o que todos têm a dizer, de gerar soluções alternativas e de alcançar resultados mutuamente satisfatórios. Sim, faz sentido interromper outras lições em andamento para processar problemas sociais de relevância que emergem repentinamente nesse contexto. Todos os alunos se beneficiam dessas discussões, particularmente aqueles que mais necessitam disso. O professor age como um exemplo ou modelo a ser seguido e oferece aos alunos oportunidades freqüentes para praticarem interações sociais e ajudarem-se mutuamente, como aprendizagem assistida por pares, arranjos de assento criteriosos e aprendizagem cooperativa.

O seu currículo social também lhe serve como suporte para exaltar e acentuar as diferenças individuais. Na sala de aula, todos os alunos têm qualidades que podem ser usadas para ajudar outro aluno e todos têm áreas de deficiência nas quais precisam de reforço e apoio. Isso não quer dizer que tudo na sala seja olho por olho, mas que todos recebem aquilo de que necessitam. Na verdade, em decorrência da ênfase nas diferenças individuais, os alunos percebem que você espera que eles se ajudem mutuamente. Eles aprendem que na rede dessa comunidade de aprendizes cada um dos colegas é um fio. Cada um dos alunos está trabalhando em alguma questão com o Plano B. Em vez de ficar desarmado, sem saber o que fazer, o professor percebe as necessidades emocionais, sociais e comportamentais exclusivas de cada aluno e tem à disposição uma estrutura para tentar atender a essas necessidades no contexto do grupo como um todo.

Certa vez, em uma sala de aula da primeira série, o inspetor, enquanto observava os alunos, notou que uma criança (que era a explosiva) ajudava outra criança a resolver exercícios de matemática (a criança que ajudava era fera em matemática e a que recebeu suporte não). Alguns minutos depois, no momento de mudar de atividade (de matemática para música), o ás em matemática ficou sem ação. A garota a quem ele estava ajudando a resolver os exercícios de matemática então o acalmou, conversou com ele e o ajudou a mudar de atividade (ela sabia lidar muito bem com frustrações), tudo isso com a supervisão do professor. Em seguida, a garota, que parecia ter notado que o inspetor talvez não estivesse entendendo o que ocorria, aproximou-se e gentilmente deu a seguinte explicação: "Às vezes, ele fica um pouco frustrado". Os vários professores que desejam ajudar um aluno explosivo na sala de aula — mas acham que não têm tempo suficiente para dedicar a esse aluno — precisam apenas reconhecer os candidatos mais prováveis e predispostos a oferecer esse apoio — *as outras crianças*.

## A sala de aula e o Plano B

**Professor:** — Eu não posso ter regras distintas para cada uma das crianças. Se eu deixo uma criança sair da sala ou não a puno por algo errado que ela tenha feito, os outros alunos também vão querer a mesma coisa.

Em primeiro lugar, é provável que você já tenha diferentes expectativas em relação a cada um dos alunos. Portanto, na sala de aula, assim como no ambiente doméstico, *justiça não é igualdade*, de forma alguma. Esse é o motivo por que alguns alunos recebem suporte especial em leitura, enquanto outros não; por que alguns alunos participam de um programa de talentos em matemática e outros não. Se um aluno perguntar por que um de seus colegas está sendo tratado distintamente, essa será uma oportunidade perfeita para ensinar: "Todos os alunos nesta sala de aula recebem aquilo de que necessitam. Se alguém precisa de ajuda em alguma coisa, todos nós tentamos ajudá-lo. E todos nesta sala de aula necessitam de algo especial". Isso não é diferente quando uma criança precisa de ajuda para ser flexível e tolerante a frustrações. Dessa maneira, nossa resposta ao aluno que pergunta por que um colega explosivo está recebendo algum tipo de tratamento ou assistência especial seria mais ou menos assim: "Todos os alunos nesta sala de aula recebem aquilo de que necessitam. Se alguém precisa de ajuda em alguma coisa, todos nós tentamos ajudá-lo. Pelo fato de você ser muito bom para lidar com frustrações, tenho certeza de que poderia ajudar Johnny na próxima vez em que ele ficar frustrado".

Você de fato acha que uma criança que em geral se comporta apropriadamente optará por se comportar de modo inadequado porque uma criança explosiva está recebendo algum tipo de tratamento especial na sala de aula? Isso me parece extremamente improvável. Segue-se a isso que punir uma criança para dar um exemplo ou ser justo com as outras crianças — em especial quando já se sabe que a punição não será uma intervenção eficaz para a criança que está sendo punida — faz pouco sentido. Em uma comunidade de aprendizes, as idiossincrasias acadêmicas ou comportamentais de um aluno são uma oportunidade para que seus colegas ajudem e aprendam, não um exemplo a ser seguido. O que os outros alunos de fato querem ver é se você sabe o que está fazendo e não se você é competente para tratar todos exatamente da mesma maneira. Além disso, visto que todos são diferentes, por que o objetivo deveria ser sempre tratar todos exatamente da mesma maneira?

As crianças de fato compreendem muito bem o conceito de que "justiça não é igualdade" e as exceções feitas às crianças que precisam de assistência; pelo que sei por experiência própria, é bem mais comum os adultos lutarem contra esse princípio.

## DRAMA NA VIDA REAL
### Correndo para o vazio: do esgotamento ao revigoramento

— Não podemos permitir que Paul continue saindo correndo da sala de aula — disse a diretora da escola, ameaçadora. — É arriscado. Além disso, nós é que somos responsáveis por sua segurança.

Isso foi em março, quando Paul estava cursando a primeira série. A diretora presidia então uma reunião com a professora de Paul, o terapeuta ocupacional, o orientador vocacional, o coordenador de educação especial, os pais e o psicólogo. A freqüência dos acessos de Paul em casa havia diminuído consideravelmente, mas havia ainda algumas manias e caprichos que precisavam ser solucionados na escola.

— Bem — disse o psicólogo —, como você sabe, o fato de Paul estar saindo da sala de aula é de certa forma mais adaptativo que algumas das outras coisas que ele poderia fazer ao reagir a uma frustração, como destruir a classe inteira. Porém, acho também que sua segurança é fundamental.

— O que estava levando Paul a agir dessa maneira? — perguntou a professora. — Qual é o diagnóstico?

— Bem, não acredito que um diagnóstico poderá nos dizer muita coisa sobre o que está levando Paul a se comportar assim. Mas acho que é seguro afirmar que ele está encontrando muita dificuldade para mudar de um estado mental para outro e que ele tem dificuldades para resolver problemas — respondeu o psicólogo.

— Então, por que ele sai correndo da sala de aula? — perguntou a professora.

— Porque ele não consegue imaginar nada a fazer senão isso — respondeu o psicólogo.

— Acho que precisamos começar a resolver alguns dos problemas que estão fazendo com que Paul fique extremamente frustrado a ponto de não conseguir fazer outra coisa senão sair correndo da sala — orientou o psicólogo. — Mas ainda assim ele não vai parar de fazer isso completamente. Talvez precisemos arrumar um

## A sala de aula e o Plano B

lugar para onde ele possa ir para se acalmar, quando se vir sem saída e aniquilado, e para que não vá parar no estacionamento da escola ou na rua.

— Acho que deveríamos aplicar-lhe um castigo quando sai da sala de aula — interrompeu o coordenador de educação especial. — Acho que não é adequado que as outras crianças o vejam sair da sala quando ele fica frustrado.

— Por quê? Alguma das outras crianças alguma vez já teve o desejo de sair da sala ou já demonstrou essa tendência quando fica frustrada? — perguntou o psicólogo.

— Não — respondeu a professora.

— Vocês acham que Paul está saindo da sala de aula porque na verdade seu desejo é simplesmente ficar no corredor? — perguntou o psicólogo.

— Não, não acho que seja isso — respondeu a professora. — Ele sempre fica ansioso por voltar para a sala tão logo ele se acalma.

— Vocês acham que se o punissem quando ele sai da sala produziria algum efeito em seu comportamento na próxima vez em que ficar frustrado e sentir necessidade de sair da sala? — perguntou o psicólogo.

— Acho que não — respondeu a professora. — Quando ele fica frustrado, é quase como se ele estivesse em uma estação totalmente diferente.

— Por isso, não sei bem de que serviria puni-lo por sair da sala de aula — continuou o psicólogo. — Particularmente se o motivo principal for dar um exemplo às outras crianças.

— Então, o que o senhor sugere que a gente faça quando ele fica frustrado? — perguntou o coordenador de educação especial.

— Acho que deveríamos concentrar nossa energia tentando descobrir o que devemos fazer antes, não depois, de Paul ficar frustrado — disse o psicólogo. — Quando for possível prever sua frustração em determinada tarefa ou situação, podemos solucionar com antecedência o problema pelo qual ele está se frustrando habitualmente. Assim, ele não terá que chegar ao ponto em que precisa sair correndo da sala. Se por acaso tivermos de enfrentar uma frustração imprevista, acho que precisaremos de um lugar para que ele possa se acalmar, caso antes, porém, a tentativa de acalmá-lo não resolver o problema. Acho que ele ainda não está preparado para se fazer entender quando está frustrado, embora estejamos batalhando por isso. Felizmente, ele consegue se acalmar por conta própria, quando o deixamos sozinho por um momento. Temos que encontrar saídas para que ele faça isso com segurança. Portanto, no momento, nossa principal prioridade é diminuir ao máximo seus ataques, mesmo à custa de seu processo de aprendizagem. De qualquer forma, são os acessos que estão bloqueando a aprendizagem de Paul.

Nos últimos meses daquele ano escolar, tudo correu muito bem para Paul. No começo do ano escolar seguinte, essa mesma equipe de profissionais se reuniu novamente, inclusive seus professores anteriores e atuais, e examinaram o que havia funcionado e o que não havia no ano precedente, chegando à conclusão de que deveriam tentar prosseguir com essa mesma abordagem e, ao mesmo tempo, tentar ajudar Paul a produzir mais. Embora todos achassem que Paul enfrentaria alguns momentos difíceis para se ajustar a seus novos professores e colegas de classe, seus primeiros ataques só ocorreram depois de dois meses naquele ano escolar. O coordenador de educação especial solicitou uma reunião sem demora.

— Na nossa opinião, Paul regrediu — disse a diretora. — Ele parece tão levado quanto no último ano.

— Na verdade, para nós, ele parece bem melhor agora — disse o pai de Paul. — Estamos até felizes por ele ter começado o ano tão bem. Ele de fato não via a hora de voltar para a escola.

— Acho que precisamos reconsiderar a possibilidade de uma punição — disse o coordenador de educação especial. Vocês por acaso conversam com ele a respeito desse comportamento? — perguntou a coordenadora aos pais.

— É claro que sim! — respondeu a mãe, um pouco ofendida. — Deixamos bem claro para ele que isso é inaceitável e ele fica perturbado porque sabe. Tenham certeza de que estamos tratando disso em casa.

— Ele está explodindo muito em casa? — perguntou a diretora.

— Há meses ele não tem um acesso de grandes proporções — respondeu o pai. — Já quase nos esquecemos de quanto as coisas costumavam ser ruins.

— Ainda assim acho que Paul precisa saber que, na escola, depois que tem seus acessos, a vida simplesmente não continua como se nada tivesse acontecido — disse a diretora.

— Concordo — disse o coordenador de educação especial.

— O que vocês têm em mente? — perguntou o pai.

— Acho que, depois que ele explode, precisa se sentar em minha sala e conversar sobre isso — disse a diretora. — E, enquanto não conversar comigo, não terá permissão para voltar para a sala de aula.

— Acho que ele ainda não está pronto para isso — disse o pai.

— Bem — disse o coordenador de educação especial —, esteja ele preparado ou não, é fundamental que os outros alunos saibam que desaprovamos o comportamento de Paul.

— Seus colegas de classe já não sabem que vocês desaprovam seu comportamento? — perguntou o psicólogo.

— Acho que precisamos passar uma mensagem mais convincente — disse o coordenador de educação especial. — Na nossa opinião, ele consegue controlar seu comportamento.

— Acho que deveríamos usar punições somente se tivermos certeza de que elas ajudarão Paul a se controlar na próxima vez em que ficar frustrado — disse o psicólogo. — Do contrário, as punições provavelmente só o deixarão ainda mais frustrado.

— Na nossa escola, nós é que devemos fazer o que consideramos correto — disse a diretora, pondo fim à conversa.

Paul teve um acesso sem importância duas semanas depois e foi acompanhado até a sala da diretora, que tentou fazê-lo falar a respeito de sua frustração. Paul não conseguiu. A diretora insistiu, abrindo espaço para um ataque de uma hora, com cuspes, palavrões e destruição de objetos. Outra reunião foi prontamente solicitada.

— Eu nunca fui tratada dessa forma por um aluno! — disse a diretora. — Paul terá que compreender que não podemos aceitar esse tipo de comportamento.

— Paul já sabe que esse comportamento é inaceitável! — disse a mãe. — Às vezes, ele consegue dizer de imediato por que está frustrado, e essa conquista é recente. Porém, na maior parte das vezes, ele só consegue falar sobre isso bem depois. Por isso, temos que dar algum tempo a ele, para que se recomponha, e só então tentar ajudá-lo.

— Eu tentei fazer isso — disse a diretora. — Quando ele estava em minha sala, disse-lhe que falaria com ele apenas quando estivesse bem e predisposto a isso.

— O que ele respondeu? — perguntou o psicólogo.

— Nesse momento, ele cuspiu em mim — respondeu a diretora.

— Acho que isso demonstra que alguma coisa que a senhora lhe disse o frustrou ainda mais, não menos — explicou o terapeuta.

— O senhor não acha que o obrigar a ir à minha sala em algum momento pode ajudar? — perguntou a diretora. — Acho extremamente constrangedor vê-lo explodir e depois sair saltitante para o recreio para se juntar às outras crianças, sem lhe ter aplicado nenhum tipo de punição. Isso está me fazendo contorcer por dentro.

— Acho que ir à sua sala para conversar poderia ser excelente, se Paul achasse sua sala um lugar ideal para se acalmar, não um lugar em que é solicitado a fazer alguma coisa para a qual ainda não está preparado, isto é, falar sobre as coisas logo depois que elas acontecem ou um lugar em que se sente punido por algo que ele já sabe que não deveria ter feito.

— Então, por que ele simplesmente não me diz que sabe que seu comportamento é intolerável? — perguntou a diretora.

— Eu não acho que Paul consiga ter idéia do motivo por que ele se comporta de uma forma que ele sabe que é inaceitável — interpôs-se o pai. — Depois desse último episódio, ele ficou extremamente aflito. Naquela noite, ele praticamente me implorou para que lhe desse mais remédio porque, assim, segundo ele, nunca mais agiria daquela maneira.

Os adultos ficaram em silêncio por algum momento.

— Mas eu não posso passar uma idéia às outras crianças da sala de que elas podem fazer o que ele faz e saírem ilesas — disse a diretora.

— Eu sinceramente acho que os alunos que são flexíveis e sabem lidar bem com as frustrações não vão começar a explodir apenas porque sabem que Paul não é punido por isso — disse o psicólogo. — E ele não está saindo ileso! Se vocês estiverem ensinando Paul a lidar mais adaptativamente com suas frustrações e a resolver os problemas que provocam seus ataques, as outras crianças verão que as explosões dele são levadas muito a sério, que existe o desejo da parte de vocês de que ele não tenha mais esses acessos e que sabem bem o que estão fazendo. E elas não vão ter certeza de que vocês sabem de fato o que estão fazendo, caso piorem ainda mais as coisas.

Paul por acaso saiu correndo da sala novamente naquele ano escolar? Sim — para uma carteira a ele designada no corredor, onde sabia que seria sua 'área de sossego'. E ele começou a retornar para a sala de aula mais rapidamente? Sem dúvida. Agrediu a diretora novamente? Não. Agrediu seus colegas algumas vezes? Sim, exatamente como vários outros garotos na sala de aula. E continuou tendo dificuldade de mudar repentinamente de atividade ou de atitude? Sim, às vezes. Mas sua professora lhe mostrou que podia ajudá-lo quando ele ficasse frustrado, e Paul progrediu nessa disciplina. Num determinado dia, perguntei o seguinte à sua professora: "A senhora acha que as dificuldades de Paul afetam o relacionamento dele com os colegas?". Ela respondeu: "Oh, acho que todos gostam dele a despeito de suas dificuldades. Acho que as outras crianças sabem quando Paul está num péssimo dia e elas tentam ajudá-lo a lidar com essas dificuldades".

# Capítulo 12

# É chegado o momento

Já percorremos uma longa distância nos onze capítulos precedentes. A princípio, examinamos minuciosamente as diferentes interpretações e explicações em relação ao comportamento explosivo na infância, enfatizando o fato de que essas interpretações e explicações influenciam em grande medida a maneira como respondemos e reagimos a esse comportamento e tentamos mudá-lo. Fomos instigados a refletir sobre uma explicação que representa uma ruptura com a sabedoria convencional: de que as crianças explosivas simplesmente não escolhem comportar-se desse modo, tampouco aprendem que explodir é uma maneira eficaz de forçar os adultos a renunciar a seus desejos; o que ocorre na verdade é que elas estão atrasadas no processo de desenvolvimento de habilidades essenciais à flexibilidade e tolerância a frustrações.

Você foi também instigado a testar uma nova filosofia: *as crianças progridem quando têm capacidade para isso*. Essa filosofia é fundamental porque defende que, se seu filho conseguisse se sair bem, então se sairia bem. Ou seja, ele já está motivado a não ter acessos de raiva e já sabe que você não quer isso. Portanto, usar estratégias de recompensa e punição — sanções —, para incentivá-lo a progredir ou ensinar a ele que não deve explodir, não faz muito sentido. Essas estratégias em geral só aumentam a probabilidade desses ataques. E, talvez o mais importante, essas estratégias não lhe ensinam as habilidades de pensamento que lhe faltam.

Apresentamos também as *vias* (as habilidades que precisam ser ensinadas) e os *desencadeadores* (os problemas que precisam ser resolvidos). Em seguida, começamos a examinar de que maneira poderíamos ensinar essas habilidades e resolver esses problemas, reduzindo, ao mesmo tempo, a probabilidade de ataques e tentando, simultaneamente, ajudar o seu filho a atender às suas expectativas. Sugerimos a você três opções para tentar resolver com seu filho problemas ou expectativas não atendidas. Com o *Plano A*, você impõe sua vontade (e, portanto, procura fazer com que suas expectativas sejam atendidas, embora com isso aumente a probabilidade dos acessos e não ensine nenhuma habilidade). Com o *Plano C*, você renuncia às suas expectativas, pelo menos por um período (porém, diminui a probabilidade dos acessos, não vai ao encalço de nenhuma expectativa e não ensina nenhuma habilidade). Por fim, com o *Plano B*, você aplica a abordagem descrita neste livro — resolução colaborativa de problemas — e, portanto, persegue suas expectativas, reduz a probabilidade dos acessos e ensina a seu filho as habilidades que um dia ele poderá realizar bem na vida real, e sem sua ajuda.

Como você pôde ver, existem duas modalidades de Plano B: o *B Proativo* e o *B de Emergência*. Como salientamos, em virtude de os acessos de fato poderem ser previstos satisfatoriamente, é quase sempre possível resolver os problemas com o Plano B Proativo. Além disso, analisamos de que modo o Plano B pode ser aplicado nos relacionamentos entre irmãos, examinamos os padrões de comunicação dentro da família que podem interferir no sucesso da implementação do Plano B e falamos brevemente a respeito dos medicamentos que às vezes são benéficos no tratamento de algumas vias. Vimos, ainda, como o Plano B pode melhorar a vida da criança na sala de aula (em uma era em que os meios de comunicação relatam que crianças em idade pré-escolar estão sendo suspensas da escola e crianças da escola fundamental estão sendo levadas da escola algemadas, não há dúvida de que é chegado o momento de mudarmos a maneira de fazermos as coisas).

Caso tenha tentado implementar esse modelo em sua casa ou na sala de aula, certamente tem dado duro. Tudo bem, pois você já estava dando duro antes mesmo, mas vamos ver se tem algo a mostrar depois de tanto trabalho árduo. Lembre-se apenas de que tudo isso leva tempo. Você não corrige uma deficiência de leitura em uma semana, tampouco corrige essa deficiência de aprendizagem em uma semana. Contudo, se as coisas não estiverem saindo a contento, de acordo com suas expectativas, tente encontrar alguém que possa ajudá-lo. Alguém que tenha consciência de que as crianças progridem quando têm capacidade para isso.

***

É provável que você esteja se perguntando o que ocorreu com Jennifer, nossa protagonista no episódio do *waffle*, nosso ponto de partida onze capítulos atrás. Ela está trabalhando como pajem de uma criança de 1 ano de idade enquanto decide o que deseja fazer mais para a frente. Por acaso ela às vezes ainda fica muito frustrada? Sim. Ela ainda tem acessos de raiva? Não.

— Eu costumava gastar muita energia ficando transtornada. Daí, percebi que isso não estava me fazendo bem nenhum — disse ela recentemente. — Agora, quando fico descontrolada por alguma coisa, na maioria das vezes eu paro por um segundo e me pergunto se ficar assim vai melhorar as coisas. Descobri que minha personalidade é extremamente obsessiva. Quando fico perturbada por alguma coisa, eu passo muito tempo pensando nisso. Assim, tento fazer coisas que livrem minha mente do que está me perturbando.

A mãe de Jennifer com freqüência se lembra do caminho que ela e a filha percorreram juntas.

— Gostaria que as pessoas que têm filhos como Jennifer soubessem que há uma luz no fim do túnel. A caminhada nem sempre é fácil — mesmo hoje —, mas nunca imaginei que as coisas pudessem ficar tão bem quanto estão. Jennifer sempre nos agradece por não termos desistido dela.

— Eu realmente tive que lutar com o fato de não ter tido a filha que gostaria de ter. E por causa dela minhas prioridades tiveram de ser diferentes. Algumas coisas que na minha opinião tinham importância não têm nem um pouco, não no contexto geral, não com uma filha assim. E sei que isso pode parecer loucura, mas tive que começar a encarar a situação com bom humor. É fácil ficar extremamente envolvido quando estamos no meio de uma situação. Mas não é a situação geral que importa. Eu consegui manter minha família unida. Meu casamento sobreviveu. Meus outros filhos se adaptaram bem. E Jennifer é uma garota maravilhosa.

Se você ainda estiver se perguntando se todas as crianças devem ser criadas dessa forma, a resposta é claro que sim. Observe que, embora o modelo RCP tenha sido criado para tratar crianças explosivas, é óbvio que não são apenas as crianças explosivas que precisam de ajuda para identificar suas inquietações; para levar em conta as inquietações alheias; para expressar as frustrações de uma forma adaptativa; para conceber e ponderar sobre soluções alternativas para os problemas; para tentar encontrar soluções mutuamente satisfatórias; para resolver contendas e desentendimentos sem conflito. *Todas* as crianças precisam de ajuda com relação a essas habilidades.

Temos a tecnologia: *cinco vias, três planos e três passos para realizar o Plano B*. Se não for agora, quando será? Se não for você, quem será?

As crianças progridem quando têm capacidade para isso. Se não conseguirem... Bem, agora você já sabe o que fazer nesse caso.

# RECURSOS E SUPORTES ADICIONAIS

**Resolução de problemas/crianças com dificuldade**

KURCINKA, M. S. *Raising your spirited child:* a guide for parents whose child is more intense, sensitive, perceptive, persistent, and energetic. Nova York: HarperCollins, 1992.

SHURE, M. *Raising a thinking child.* Nova York: Pocket/Simon & Schuster, 1994.

WAUGH, L. D. *Tired of yelling:* teaching our children to resolve conflict. Marietta, Georgia: Longstreet, 1999.

**Deficiência de aprendizagem não-verbal**

STEWART, K. *Helping a child with nonverbal learning disorder or Asperger's syndrome:* a parent's guide. Oakland, California: New Harbinger, 2002.

ROURKE, B. *Nonverbal learning disabilities:* the syndrome and the model. Nova York: Guilford Press, 1989.

**Habilidade sociais**

CARLSSON-PAIGE, N.; LEVIN, D. E. *Before push comes to shove:* building conflict resolution skills with children. St. Paul, Minneapolis: Redleaf Press, 1998.

NOWICKI, S.; DUKE, M. *Helping the child who doesn't fit in.* Atlanta, Georgia: Peachtree Publishers, 1992.

### Disfunção da integração sensorial

KRANOWITZ, C. S. *The out-of-sync child*: recognizing and coping with sensory integration dysfunction. Nova York: Perigee Publishing, 1998.

### Problemas com irmãos e irmãs

FABER, A.; MAZLISH, E. *Siblings without rivalry*: how to help your children live together so you can live too. Nova York: Avon Books, 1998.

### Método na sala de aula e na escola

KOHN, A. *Beyond discipline*: from compliance to community. Alexandria, Virginia: Association for Supervision and Curriculum Development, 1996.

LEVIN, D. E. *Teaching young children in violent times*: building a peaceable classroom. Cambridge, Massachusetts: Educators for Social Responsability, 1994.

LEVIN, J.; SHANKEN-KAYE, J. M. *The self-control classroom*: understanding and managing the disruptive behavior of all students, including those with ADHD. Dubuque, Iowa: Kendall/Hunat Publishing, 1996.

NODDINGS, N. *The challenge to care in schools*. Nova York: Teachers College Press, 1992.

WAGNER, T. *Making the grade*: reinventing America's schools. Nova York: Routledge, 2001.

### Psicofarmacologia

KOPLEWICZ, H. *It's nobody's fault*: new hope and help for difficult children and their parents. Nova York: Three Rivers Press, 1996.

### Suporte

- Centro de Resolução Colaborativa de Problemas. Disponível em: <www.ccpc.info>.
- Instituto de Resolução Colaborativa de Problemas. Disponível em: <www.massgeneral.org/cpsistitute>.
- Foundation for Children with Behavioral Challenges (FCBC) [Fundação para Crianças com Desafios Comportamentais]. Disponível em: <www.fcbsupport.org>.

- Parents & Teachers of Explosive Kids (PTEK) [Pais e Professores de Crianças Explosivas]. Disponível em: <www.explosivekids.org>.
- Fundação da Síndrome de Tourette do Canadá. Disponível em: <www.tourette.ca>.
- Tourette Syndrome Association (TSA) [Associação da Síndrome de Tourette]. Disponível em: <www.tsa-usa.org>.
- Tourette Syndrome "Plus". Disponível em: <www.tourettesyndrome.net>.
- Life's a Twitch. Disponível em: <www.lifesatwitch.com
- Nonverbal Learning Diability Association (NLDA) [Associação de Deficiência de Aprendizagem Não-Verbal]. Disponível em: <www.nlda.org>.
- Asperger Syndrome Coalition of the United States (ASC-U.S.) [Coligação Americana da Síndrome de Asperger]. Disponível em: <www.aperger.org>.
- Online Asperger Syndrome Information and Support (OASIS) [Informações e Suporte On-line sobre a Síndrome de Asperger]. Disponível em: <www.udel.edu/bkirby/asperger>.
- Autismo e Síndrome de Asperger, por MAAP Services, Inc. (The Source). Disponível em: <www.maapservices.org>.
- Rede da Integração Sensorial. Disponível em: <www.sinetwork.org>.
- Rede da Ansiedade Infantil. Disponível em: <www.childhoodanxietynetwork.org>.
- Fundação dos Obsessivos-Compulsivos. Disponível em: <www.ocfoundation.org>.
- Child and Adolescent Bipolar Foundation (CABF) [Fundação da Criança e do Adolescente Bipolar]. Disponível em: <www.cabf.org>.
- Children and Adults with Attention Deficit Disorder (CHADD) [Crianças e Adultos com Transtorno do Déficit de Atenção]. Disponível em: <www.chadd.org>.

# ÍNDICE REMISSIVO

## A

acessos
    acessos de raiva, 20, 35, 39, 50, 51, 53, 58, 59, 61, 65, 71-74, 79, 80-87, 91, 95, 96, 101-103, 109, 111, 120, 121, 124, 125, 129-132, 137, 138, 142-144, 163, 168, 173, 189, 190, 193, 196, 207, 209
    acessos de raiva ocasionais na escola, 190
Adele Faber e Elaine Mazlish *Siblings Without Rivalry*, 166
alienação, 178
alto risco, 191
alunos não explosivos, 192
articulação das próprias necessidades, 41
ataques apopléticos, 184

## B

bipolar, 44-45
bloqueio
    cerebral, 33

## C

catastrofização, 171
categorização e expressão das emoções, 41
círculo vicioso, 167
clínicos de saúde mental, 142
colapso(s) emocional(is), 80, 85, 104, 160
comportamento
    episódios explosivos, 20
    explosivo, 29-30, 34-35, 73, 121, 207
    na infância, 207
comportamento mal adaptativo, 31, 83
comunidade de aprendizes, 199-201
    currículo
        acadêmico, 199
        social, 199-200
*control freak*, 56
coordenador de educação especial, 202-205
crianças
    1 – Robert, 22
    2 – Andrew, 23
    comum, 81

da escola fundamental, 208
disfóricas, 186
em idade pré-escolar, 208
exemplar e condescendente, 81
explosivas, 22-23, 25, 30-31, 33,
    36, 38-41, 51-52, 61, 72, 84,
    119-120, 131, 133, 135, 137,
    160, 167, 170-171, 184, 187,
    189, 196, 207, 210
extremista, 48, 50, 62, 69,
    90, 171
    com pensamento
        extremista, 50
família, 81
hiperativas, 155
irritáveis e ansiosas, 48
medicadas, 181, 184
"normais", 191
obsessivas-compulsivas, 46
que choram, 46
que explodem, 46
    fator da mentalidade
        gregária, 189
    fator do constrangimento, 189
    fator químico, 190
rabugentas e irritáveis, 64
TDA/H, 22-24, 31, 36, 38, 56,
    120, 173

## D

deficiência
    de aprendizagem, 22, 29-30, 40,
        45, 83, 87, 104, 156, 178,
        193-195, 208
        não-verbal (NDL, *nonverbal*
            *learning disability*), 22
    de leitura, 76, 104, 152, 195, 208

depressão, 22, 24, 44, 61
desatenção, 181, 183, 184
desencadeadores, 52-53, 55, 58,
    61, 70, 81, 86, 105, 111, 125,
    130, 137, 143, 195, 207
    hipersensibilidade sensorial, 58,
        145
    tiques, 53, 65, 68, 183, 184
desvio comportamental, 178
diagnósticos
    psiquiátricos, 31, 61
discinesia tardia, 186
disfunção da integração
    sensorial, 22
distratibilidade, 181, 183
distúrbios de processamento da
    linguagem, 22
doenças psiquiátricas, 22
dr. Daniel Goleman
    analfabetismo emocional, 51
    *Inteligência Emocional*, 33

## E

educação especial, 193, 202-205
escola, 23, 28, 38, 50, 56-59, 61,
    65-66, 73, 80-81, 86, 92-93,
    98-99, 114, 128, 133, 137-138,
    141, 147, 155-156, 158-159,
    170-171, 178-179, 183, 185,
    189-190, 192-193, 195-197,
    202-205, 208
    padrão, 192
    pública, 180
    sala de aula, 57-58, 158, 180,
        189-191, 193, 200-204,
        206, 208
        convencional, 191

sistema escolar, 179-180
    externo, 179
especulação, 167, 168, 177
expertise (competência técnica), 194
expressões hipotéticas, 170
    invariáveis, 147

## F

falta de controle dos
    impulsos, 181, 183
*feedback*, 57, 160, 187, 199
filho(s)
    explosivo, 31-32, 77-78, 80,
        137, 164-166, 172-173, 177
    hiperativos, 21
    inflexível, 165
fixação pelo passado, 171
flexibilidade e tolerância a
    frustrações, 33, 79
fluxo emocional, 39
frustrações, 22, 24, 28-30, 32-33,
    35-36, 38-41, 44-45, 52, 55, 74,
    76-77, 79-80, 83-84, 87, 136,
    144, 147, 151, 154, 156-157,
    165, 167-168, 178, 180, 187,
    190, 192-193, 200-201, 206-
    207, 210

## G

grupos de apoio, 142

## H

habilidades
    da linguagem, 66
    de desenvolvimento
        fundamentais, 33
    de execução, 35-37, 39, 58, 150,
        154-155
    de flexibilidade cognitiva, 48
    de pensamento, 31, 35-36, 50,
        53, 79, 128, 179, 181, 194,
        207
    de processamento da linguagem,
        35, 40, 58, 150
        informações sociais, 50
    de regulação emocional, 35,
        44-45, 155
    essenciais, 166, 193
        à flexibilidade, 29, 207
    expressiva, 59
    matemáticas, 76
    não-verbais, 66
    pragmáticas, 154
    sociais, 29, 35, 50, 52, 65, 150,
        157, 161
    mais adaptativas, 52
hipersensibilidades sensoriais, 81

## I

identificação, 41, 75
idiossincrasias acadêmicas, 201
inaptidões de aprendizagem, 22
inclusão, 191
ineficiência cognitiva, 183
instituições e entidades de serviço
    social, 142
instituições residenciais, 179
interrupção, 171, 180
irmãos
    irmãos "comuns", 164

irmãos e irmãs, 31, 137,
    163-164, 166
    irmã ou irmão explosivo, 166
irritabilidade, 44-46, 48, 56, 58, 62,
    64-65, 105, 155, 181, 183,
    184-186

## J

julgamentos de valor, 168
justiça não é igualdade, 137, 164,
    201-202

## L

leitura mental, 167
ludoterapia, 71

## M

medicamentos
    antidepressivos
        tricíclicos, 184
            clomipramina
                (Anafranil), 184
            desipramina
                (Norpramin), 184
            imipramina (Tofranil), 184
            nortriptilina (Pamelor), 184
    anti-hipertensivo, 65, 184
    antipsicóticos atípicos, 44, 185
        aripiprazola (Abilify), 185
        olanzapina (Zyprexa), 185
        quetiapina (Seroquel), 185
        risperidona (Risperdal), 185
    de estabilização do humor,
        44, 45

Dexedrina, 183
    sulfato de dextroanfetamina,
        183
efeitos colaterais dos
    medicamentos, 182
        associados aos
            estimulantes, 183
        insônia, 183-185
        perda de apetite, 183
        tiques vocais ou
            motores, 183
estabilizadores do humor, 186
    ácido valpróico
        (Depakote), 186
    carbamazepina
        (Tegretol), 186
        anemia aplástica, 186
        glóbulos brancos, 186
    carbonato de lítio, 186
    óleo de linho ou
        de linhaça, 186
    óleo de peixe, 186
estimulantes, 44, 84, 183, 184
homeopáticos, 186
inibidores seletivos da
    recaptação de serotonina
    (antidepressivos ISRS), 185
        citalopram (Celexa), 185
        fluoxetina (Prozac), 185
        fluvoxamina (Luvox), 185
        paroxetina (Paxil), 185
        sertralina (Zoloft), 185
medicamentos alternativos, 184
    psiquiátricos
        tradicionais, 186
psicofarmacologia, 186
Ritalin, 62, 183
    Metilfenidato, 183

## Índice remissivo

Strattera, 184
    atomoxetina, 184
Wellbutrin, 184
    bupropiona, 184

## N

necessidade especial, 189
    alunos com necessidades especiais, 191
    necessidades comportamentais e escolares especiais, 191
negatividade, 39
neto explosivo, 174

## O

obsessividade, 181, 185
orientador vocacional, 202

## P

padrão(es)
    cognitivo, 37-38, 58, 75, 154, 191
    de psicologização, 167
    definidos, 191
pais, 20-22, 24-25, 28, 31-32, 34, 36-37, 40, 55-57, 59, 61, 65-69, 72-76, 79-80, 84, 87, 94-95, 102, 104-105, 107, 119, 124, 126, 129-130, 132, 142, 149, 151-152, 155, 160, 163-174, 179, 183, 187, 189, 193, 195-196, 202, 204
    perfeccionista(s), 61, 170
pavio excessivamente curto, 181, 185

pensamentos suicidas, 185
personalidade rígida, 20
plano
    Plano A, 82-85, 91-92, 95-96, 99, 102-105, 107, 112-114, 116, 121-122, 124, 125, 127-130, 134, 136-138, 140, 153,171, 173, 191, 196, 198, 208
    Plano B, 82, 86-88, 91-92, 94-97, 99, 101-104, 107, 109, 111-116, 119, 121-122, 125-131, 135, 137-138, 140, 143-145, 147-150, 153-157, 163-165, 172-174, 183, 185, 193-196, 199-200, 208, 210
    convite, 88, 94, 97-100, 104, 112, 116, 123, 139, 145, 147, 157
    definição do problema, 88, 92-93, 97-99, 104, 112, 115, 123, 135, 139, 145, 157
    empatia, 88-93, 97-98, 104-105, 108, 112-114, 122, 136, 138-139, 144, 156, 196-197
    lobo frontal, 87
    substituto, 87, 97, 149-150
    Plano B de Emergência, 87, 91, 104, 107, 111, 126, 133, 198
    Plano B Proativo, 87, 91-93, 97, 101, 103-104, 111, 114-115, 122, 125-126, 138, 144, 155, 161-162, 196, 199, 208

resolução colaborativa de problemas (RCP), 79
*wishful thinking*, 96
Plano C, 82-86, 92, 102-103, 105, 107-108, 112, 116, 125, 128, 130, 140, 143, 153-154, 173, 185, 196, 208
portadores de deficiência (*Individuals with Disabilities Education Act* — Idea), 180
processamento mental, 167
processo de desaprendizagem e reensino, 73
processos de comunicação
   disfunções de linguagem, 154
   língua, 41, 115, 185
   padrões de comunicação, 163, 166, 171, 208
      mais produtivo, 169
      mal adaptativo, 169
         sobregeneralização ou supergeneralização, 169
   sistema de linguagem, 41-42
   terapeutas da linguagem, 154
professores, 25, 34, 40, 80, 138, 160, 169, 187, 189, 190-191, 193-194, 199-200, 204
programas
   de disciplina escolar, 192
   de gerenciamento do comportamento, 74
   motivacionais, 21, 79
      de recompensa(s) e punição(ões), 31, 35, 44, 56, 74, 76, 119
         adesivos, 21, 35, 39, 71, 73

      punições, 21, 56, 73, 76-77, 131, 205
      recompensas, 21, 56, 73-77, 121, 131
psicologia, 72
psicologização, 167, 168
psicólogo(s), 56, 67-68, 70, 90, 202-203, 205-206
psiquiatria
   psiquiatra infantil, 72, 181

## R

reflexiva, 39
regulação emocional, 29, 58, 65, 184
repreensão, 171
resolução de problemas, 38, 41-42, 53, 66, 94, 95, 121, 148, 156, 195

## S

seqüestro neural, 33
sintomas extrapiramidais, 185
sistemas educacionais regulares, 179
surto
   de raiva, 24, 31, 33, 84
   explosivos, 31-32

## T

terapeuta
   familiar, 166
   ocupacional, 202
terapia de casal ou familiar, 173
teste psicoeducacional, 59
   avaliação psicoeducacional, 66

## Índice remissivo

tolerância a frustrações, 22, 24, 28-30, 32-33, 35-36, 44-45, 52, 55, 74, 76-77, 79-80, 83, 136, 157, 167, 178, 187, 192, 193, 207
toxidade cardíaca, 184
transtornos
    bipolar, 20, 31, 44-45, 61, 65
    de ansiedade, 22
    de Asperger, 22, 49
    de Tourette, 22, 24, 65

desafiante opositor, 20, 61
explosivo intermitente, 20
obssessivo-compulsivo, 22, 31
reativo de vinculação, 22

## V

vias
    da flexibilidade cognitiva, 62, 156

Impressão e Acabamento